古人的表情

张弛 —— 著　　面具背后的文明　　中国友谊出版公司

图书在版编目（CIP）数据

古人的表情 / 张弛著. -- 北京：中国友谊出版公司，2019.12

ISBN 978-7-5057-4290-1

Ⅰ.①古… Ⅱ.①张… Ⅲ.①世界史-古代史-文化史 Ⅳ.①K12

中国版本图书馆CIP数据核字(2019)第282303号

书名	古人的表情
作者	张弛
出版	中国友谊出版公司
发行	中国友谊出版公司
经销	新华书店
印刷	北京中科印刷有限公司
规格	880×1230毫米　32开 8印张　149千字
版次	2020年3月第1版
印次	2020年3月第1次印刷
书号	ISBN 978-7-5057-4290-1
定价	58.00元
地址	北京市朝阳区西坝河南里17号楼
邮编	100028
电话	(010) 64678009

版权所有，翻版必究

如发现印装质量问题，可联系调换

电话　(010) 59799930-601

一本真正意义上的脸书

目录
CONTENTS

琢·器 诸神的礼物

伏羲神像	023
兽面丫形器	027
虎口脱险	033
都在发怒	038
人面形陶塑	042
王者归来	048
从玉凿齿到解玉砂	053
方相氏和吞口	060
缀玉覆面	065
楚人的相貌	071

煤、煤精和琥珀	074
人面像岩画	078
嘎巴拉及其他	081
钺	087
圣水牛	091
猪龙的演变	096
虎食人	100
熊出没	106
与蝉共鸣	109
凌家滩的小玉人	113

目录 CONTENTS

Ⅰ·源 文化的表情

半拉山考古	143
石家河遗址	150
双乳山的诅咒	154
傩	160
天地乾坤	163
人兽母题	167
齐家文化	171
龙山文化	175
馋虫及鱼凫	179
母系氏族	184

人说山西好风光	187
小河公主	191
树婴	194
通灵人和降神者	197
天堂之泪	201
夏家店	205
黄金面具	209
灵魂的艺术	215
西来的圣贤	219
敦巴顿橡树园	225

琢·器
诸神的礼物

古人的表情

是鬼脸，也是哭脸和笑脸。
难以捉摸的表情。

来自红山文化早期,
粗矿的材料和加工浑然天成。

维纳斯的贝壳。

古人的表情

这件面具,让人怀疑是从存钱罐上弄下来的,但它肯定不是财神。

概括和简练,可能因为工具方面的限制,也可能因为偷懒,最后才演变成风格。

随形。一块鹅卵石,更像个智者。

古人的表情

两个蚕宝宝，证明桑蚕的出现实际上比传说的要早。

夸张的大耳朵。对远古的人来说除了眼睛和牙齿，听力也很重要。

古人的表情

有一种玉叫油炸鬼，意思是从油锅里捞出来的。

啮齿兽，牙齿就像一把梳子，整齐坚固。

双连面具，但眼睛的雕琢方法是不一样的，一个凸，一个凹，看起来很萌。

古人的表情

神兽。

祭祀坑出土。

君主的帽子也可以很高，乍看以为是个厨师。帽子上的菱形图案非常重要，它代表着"太一"，也就是说君权神授。

古人的表情

方脸壳面具。圆圈和网纹。

生育之神，中间部分是女阴造型。

小眼神儿，面部呈心型。

古人的表情

未来战士。

狰厉。

古人的表情

是大熊猫的化石吗?
它自己不会这么认为。

寂天,圆满。

祭祀坑出土。
据说有些面具可以消灾、避邪，因为鬼见了都会害怕。

古人的表情

脸上带裂痕的瓷面具，
已经有了佛造像的影子。

衰老的面孔,浮在水面上,
随着时间收缩。

古人的表情

股骨头做成的人面,谁的骨头不得而知。

在一定条件下,玉埋在土里是软的,
随时都有可能破碎或变形。

可能是一件女人的神面,而且还是一个美女。
(但也很可能是个男人戴着帽子)

伏羲神像

从一本资料中看到,1985年河南洛阳刘台子西周6号墓出土了一件伏羲神像。它长3.4厘米、宽1.3厘米、厚0.5厘米。宽嘴,方颌,蒜头鼻子,圆眼内凹。长发自前额披到后背(按现在的说法就是有摇滚范儿),嘴上留有长须。头部雕有向前弯曲的手臂,感觉有些发育不良,可能本来想长成翅膀来着,但是没长好。肘臂下钻一圆孔,圆孔下有一条小蛇,蛇身上横斜着刻着几道雕纹,以表示此乃龙甲。

关于伏羲的形象,有文献说伏羲"须垂委地"(《拾遗记·春皇庖牺氏》),《路史·后记》注引《宝椟记》也说是他母亲在"华胥之渊,感蛇而孕",这些都是根据古图形的印象而言。伏羲氏即帝喾氏,是自恃立国天下中央的夏人、周人眼中之"东夷"。东夷习俗披发文身,于是,殷人祖先伏羲在这里被雕成这副模样。

华胥，也称华胥氏，风姓，是上古时期华胥国的女首领。她是伏羲和女娲的母亲，炎帝和黄帝的远祖。女娲既是伏羲的妹妹，也是他的老婆。伏羲鳞身，女娲蛇躯。

这件伏羲神像应是周武王灭商时获得的战利品之一。刘台子西周6号墓的主人，是周昭王下嫁给逄国国君的公主，名羛姒。昭王在位约十八年，库房里应该有不少宝物给女儿做陪嫁。女儿死后拿前朝的玉器陪葬，说来也是顺理成章。

有资料是这么介绍逄国的：1.炎帝裔孙有人名陵，商朝初年受封于逄（今山东省潍坊市临朐县），建立逄国，为伯爵位，也称逄伯陵。2.山东济阳县刘台子西周墓出土了属于逄国的青铜器，逄公为伯陵之后，姜姓。那么问题来了，到底是洛阳刘台子，还是山东济阳县刘台子？

最后确定这座西周墓葬，就是位于山东济南市济阳县曲提镇刘台子村西约200米的高台上。20世纪70年代末至80年代中期，考古工作者对墓地进行了四次发掘，共清理了四座墓葬，包括西周逄国国君夫人墓。根据墓葬形制和出土器物推测，刘台子墓葬年代大致在西周早期偏晚阶段。出土器物当中，玉器的数量颇为可观，有玉璧、玉琮、玉觿、玉龟、柄形器等954件，其中便有这件白玉伏羲神像。看来，我一开始引用的资料有误。

另外，大多资料对羛姒只字未提。羛既可作为姓氏，也有烛蔽的意思。

出土伏羲和女娲的神像很多，很多造型都是由此演变而来，在汉画像砖上更是随处可见。两人在交媾的过程中，呈螺旋上升状，看上去快感十足。

我手上这件伏羲神像，玉质和品相不如刘台子出土的那件好，其他地方还都类似，也是宽嘴，方颌，蒜头鼻子，圆眼内凹。长发自前额披到后背，嘴上留有长须。唯独戴着一顶尖帽子，我觉得问题可能就出在这顶帽子上，不知道是什么时候给他戴上去的。

对于大多数人来讲，要说人是由猴子变来的，勉强还能接受。要说祖先是蛇，怎么想怎么别扭。不是说好的是龙吗？如果说龙是由蛇演变而来，就更让人想不通。这辈子见过无数条蛇，没一条变成龙的。其实在神话系统中，蛇远比龙重要，这个问题说来话长。

古人的表情

留着背头的伏羲。
当然，也有人说是帽子，
脸上两个圆圈代表耳环，嘴角往下撇着。

兽面丫形器

这件特别的兽面玉器是由两个蜷缩的丫形兽面组成的,它们上下叠加,双目凸出,双腿前伸做奔跑状,后面还拖着一条尾巴。此件玉器为青白玉,长5.5厘米、宽4厘米、厚1厘米,中间有一个圆洞,背部有一个穿孔。

所谓丫形,指的是在神兽的头顶分叉支起来的两只犄角,或者也可以说是大耳朵(上面说的那件,耳朵有些耷拉,所以不可能是犄角),是红山文化玉器中一种常见的器型。分析红山文化神兽的文章很多,但多集中在玉猪龙上(其实也没说清楚),关于丫形兽的少之又少,所谓兽面丫形也是不得已的说法。多数玉兽面丫形器造型都是神兽端坐着,双手放在膝上,仿佛在接受世人的顶礼膜拜。

红山位于内蒙古赤峰市城区东北隅,由凤凰峰等5个主山峰构成，而且5个山峰都是红的。据说每当朝霞夕晖，反射壁间，宛如冲天烈焰。这是因为赤峰红山的花岗岩体中钾长石的含量超过50%，而一般花岗岩中的钾长石含量为40%—45%。

1906—1908年间，日本人鸟居龙藏三次入热河省，对赤峰英金河畔的几处新石器时代的文化遗址进行考察。1924年，法兰西传教士桑志华、德日进来到赤峰，采集到一批新石器时期的文化遗存。1930年，梁思永先生在赤峰英金河北岸和南岸，包括红山嘴在内的沙窝中进行考察，发现了新石器时代和较晚时期的文化遗存，并采集到细泥红陶片、夹砂灰陶片、细石器、打制石器、骨器及青铜器等遗物。但这几次考察活动加起来，都不如2014年发生的那桩红山盗墓案闹的动静大。

红山文化延续时间很长，前后大约有5000年。有考古学家认为，与红山文化大致处于相同发展阶段的是大汶口文化，两者的某些玉器特征有相近之处。比较明显的例证是红山文化玉器中的二连璧、三连璧，与大汶口文化的单环、双连环、四连环花朵形串饰手法颇为接近。跟崧泽文化时期的江苏海安青墩遗址和南京营盘山遗址出土的双连环玉佩饰也有一定的共性。由此可见，红山文化跟良渚文化之间也有说不清的瓜葛。

但红山文化玉器的特征还是非常明显的，它们表面光素，不多加装饰，也多不在正面打孔，而在背面单面穿孔，穿孔的方法多为隧孔或称牛鼻孔。

红山文化随葬玉器的摆放部位也相当特别，例如在建平县牛河梁一个墓葬中，尸骨头部放置着马蹄形玉箍，腰部则是玉猪龙；凌源三官甸子城子山遗址一个墓葬中，尸骨头部放置着勾云形玉佩，胸前放置着马蹄形玉箍，左侧放一外圆内方形玉器，右侧放一玉鸟。此外还有一件猪头玉饰，两端雕刻两个大耳，长脸、噘嘴，形象生动。中间钻三个直径为 1.9 厘米的圆孔，下面 4 个漏斗状小孔，豆青色软玉雕刻，长 8.9 厘米、宽 2.6 厘米。这件猪头玉饰指的应该就是兽面丫形器。

作为红山文化另外一个代表性器物，玉猪龙被认为红山文化部族模拟幻想的神灵。大多数玉猪龙体态肥圆、卷曲，很容易让人想到虫蛹。有人猜测，玉猪龙是猪和蛇的合体。这种想法本身就够怪的，猪跟蛇怎么会合体呢？但玉猪龙确实有点儿像猪头，明显长着猪鼻子。红山文化部族似乎对猪头情有独钟，小河沿遗址就曾经出土过一件陶制的猪头，于是便有了红山文化猪龙崇拜以及龙首形象的形成源于猪首之说（我开始怀疑红山部族，他们既没吃过猪肉，也没看过猪跑）。红山诸文化（或称红山文化系）有千斤营子类型、兴隆洼与查海类型、赵宝沟类型、红山后类型、富河类型、东山嘴类型以及小河沿类型。前面说的这件兽面丫形器应该属于东山嘴类型，该类型在大凌河流域，除东山嘴外，还有牛河梁、城子山、胡头沟等祭祀遗址和积石塚。此外，在敖汉旗西台、兴隆洼文化中也有这类遗存。据测定，该类型距今约 5000 年，是红山文化发展的后期，也是红山文化发展的高峰。

这些年一直想去红山却又没有去成，主要是觉得坐火车时间太长。北京到赤峰全程不过400公里,在西直门坐绿皮火车要9个多钟头。据说2018年北京至赤峰要通高铁,全程时间缩短至100分钟,到时候再去不迟。

祭司的面具，看上去像神兽，
红山文化早期。

古人的表情

兽面。

虎口脱险

饕餮给人的感觉是非常能吃,而且吃的是人。最早把饕餮跟青铜器上的纹饰连在一起的是《吕氏春秋》:周鼎着饕餮,有首无身,食人未咽,害及其身。

萨拉·艾兰在《龟之谜》一书中,对饕餮纹做了如下描述:两只眼睛的原始饕餮纹在二里冈青铜器上就出现了,这种纹饰的特点是它只有两只眼睛,常常有脸形、耳朵、鼻子和角。边上的条纹也可能是身子,但由于它跟器型的边没有分开,所以它的身子不好确定。这种纹饰最简化的形式只留下两只眼睛,有的很像动物圆圆的眼睛,也有的像人横着的双目。二里冈出土的一件器物上,一张带羊角的脸铸在立体面上,身子不能确定。然而,无论如何,这些例子都有两只眼睛,表明它是一种生物。

虽然二里头遗址没有发现带饕餮纹的青铜器,可是在同一遗址却发现了有两只眼睛纹饰的嵌绿松石饕餮纹牌饰，另外还有一根玉柱上也刻有眼睛和面孔。这意味着这种纹饰当时已经出现了，但是在最早的青铜器制造中还没有使用。

很多人都已经注意到饕餮纹最早见于良渚文化的玉琮，虽然没有证据表明良渚文化玉器纹饰跟二里头青铜器上的纹饰之间有什么直接联系的线索，可是琮源于良渚文化却是很明白的。于是，我们可以猜测其中一定有某种文化传播关系（二里头文化一直被认为是玉文化向青铜文化过渡的分水岭。牟永抗先生曾经指出：以二里头文化为代表的夏代，玉器的功能和作用远不及铜器。二里头文化之后，史前玉器的内涵也发生了很大的变化）。

商代晚期的青铜器，饕餮纹的面部常常分开成两部分，可以看作完全分开的两条龙形纹，有人认为这是萨满面具的再现。在商代也许有过木制面具，可是还没有见到出土物，如果商代真的有这种面具，那么它一定也具有一种神圣的功能，显示萨满和舞蹈者的变化之形，好让他们沟通神灵世界。这正同于青铜器纹饰的变化，以便神灵享用。

上述可能性不能不考虑，然而，艾兰女士认为青铜器上的饕餮纹的发展程序不太可能始于面具，因为只有在饕餮纹发展的后期，它的面部才与身子分开来。再说，饕餮纹也常出现在战盔上面，它的功能可能是表明武士超自然的神力，或者是武士具有的死亡的明确暗示，这跟萨满作法时的出神恍惚联系在了一块。

至于饕餮为什么要食人，艾兰女士引用张光直先生的观点：

许多文化中都有兽口大张的母型，作为通向另一个世界之途的象征。虎食人（中国古代没狮子，故虎为猛兽之最。但是有豹子，《西山经》："西王母其状如人，豹尾虎齿而善啸。"）纹饰中，老虎口中的人其实是巫或萨满。可是艾兰女士认为，这个纹饰母型在钺上比较明显暗示了它真正的意思：不是萨满到另一个世界的通道再现，实际上暗示了死亡之途。

艾兰女士总结道，归根结底，这种信仰和祭祀是商代祭礼的核心，如果要问这个虎口中的人到底有何所指，它更像是表示死人，甲骨文中的"尸"字跟青铜卣和尊上的人的姿势很相似。从这个观点看，虎食人卣纹饰中的老虎嘴里叼着的人上有夔纹、蛇纹就可以理解了，它们暗示了死者要去的是一处有水的地方——黄泉（证据是夔和蛇都是水里的动物，夔是龙的一种，只有一只脚）。

林巳奈夫在他的《神与兽的纹样学》一书中，说得更加明确：在那个时代，披发裸体者被视为神或神化之人。这个人形的头因为被虎口衔住而省略了眼睛上面的部分，头发的情况也不太清楚。即使不看头发，仅从裸体这一点也可以看出此为死者的灵魂或就是神。依此观念仔细体察就可以发现，此人口中的舌头像植物蓓蕾一样垂下，舌头上露出的"气"像天线似的，这就意味着它不是人类。

这个鼻梁带蔬的帝降临于此虎（帝即虎，虎即帝），与至上神配享的祖先神灵，一定是与虎上的蔬通过口中伸出的舌头来互通灵气。

　　难怪很多面具上的舌头都是伸出来的。顺便再抄录一下字典对"蒩"字的解释：古代朝会时表示位次的茅束，"置茅蒩，设望表"，说白了，就是免得诸侯们在拜谒天子时站错位置。商周时期的青铜器纹饰上，这种扇形的细长物就置于饕餮的额头与鼻翼之间。

饕餮,西汉早期。
面具功能渐退,徒具形式之美。

一件绿松石饕餮。绿松石最初被
视为宝石,跟玛瑙和水晶一样。

都在发怒

1959年,四川省巫山县大溪M64号墓出土了一件双面石质人面饰,属大溪文化晚期作品,距今5000—6000年,系用颜色漆黑、质地细腻的火山灰岩制作,呈平面椭圆形。高6厘米、宽3.6厘米、厚1厘米,顶部左右各有一穿孔。面饰两面都雕琢有人像,这在当时看起来十分稀罕。人像造型大致相同,鼻梁挺直,双眼圆睁,神态做极度悲伤痛苦状。正面的人像面颊较为消瘦,反面的人像面颊丰满圆润(我好奇他们是怎么分出正反面的)。这是一座儿童墓葬,听着就有些吓人。我想起仰韶文化的彩陶人面鱼纹盆,最早也是在儿童墓中发现的,孩子夭折后,父母把孩子的尸体放在瓮里面,上面就盖着人面鱼纹盆。鱼纹盆上有两个小孔,据说是为了让孩子的灵魂自由出入。由此可见,从那时起人们就有了灵魂不灭的概念。

至于大溪发现的这件面具的用途，人们各说各话。尹达先生在《新石器时代》一书中，对大溪遗址的墓葬有过详细描述，并且特别提到儿童墓："随葬品大都是生产工具和日用的陶器。有的身上还佩戴着装饰品：带着绿松石的小耳坠，胸前佩着玉璜、玉玦或玉环，颈上佩戴着蚌珠串成的项圈，两臂戴着骨圈或蚌环。个别的墓里还发现死者的两乳上放着陶碟，或者三件彩绘的陶瓶排成一行，放在两腿之间；有的头枕着象牙或口衔着鱼，有的随葬着狗。小孩的墓随葬的东西大都比较丰富。这一发现相当重要，它很可能为江汉和西南两地区的新石器时代的关系问题提供了某些线索。"

1968年，山东藤县岗上村出土了一件玉雕人面饰，属于大汶口文化中期的作品，距今大约5000年。面饰高3.2厘米、宽3.9厘米，平面略呈梯形，接近边缘处用印刻法雕刻人面轮廓，两只连在一起的大眼睛几乎与轮廓线连接，眼眶阴刻一道细线表示眼珠，鼻子呈三角形，嘴巴用一道细线表示，神态恬静含蓄，似做沉思状。背面有一凸脊，上有穿孔。

1973年，甘肃永昌县鸳鸯池M51号墓出土了一件石雕人面饰，属于马家窑文化马厂类型，距今4000—5000年。面饰用白云石制作，呈椭圆形，高3.8厘米、宽2.5厘米，头顶有一穿孔，眼睛、嘴巴用白色骨珠镶嵌，这些镶嵌幸好没有被好奇心重的人抠掉，鼻子则是用黑色胶状物质涂两个圆点表示。该墓还出土了若干陶、石、骨器以及400多颗骨珠，表明墓主是一个身份较高的人物，或者是一个巫师。

1976年，陕西神木县石峁村墓葬出土了一件龙山时期的人面饰。面饰高4.5厘米、宽4厘米，用乳白色玉髓雕琢而成，表现的是人的侧面形象。头顶束髻，细眼钩鼻，嘴唇微启，面颊上部用细线阴刻一目字形纹，下部有一圆形穿孔，耳朵雕在脑后。整个作品看上去有圆雕效果，却又不是圆雕。即使不能说仅此一件，表现侧面的面饰也极少出现。2015年夏天，我在西安的陕西历史博物馆看到过这件人面饰。有人分析，古人喜欢对称均匀的构图，这跟他们的思维习惯有关。再有就是从工艺上，正面的图形制作起来要相对简单，一边对另一边如法炮制一下就可以了。顶多分出个阴阳，这边用阳线，那边就用阴线；这边凸出来的，那边便凹下去。比如剪纸，把纸对折一下剪出来的图案就是对称的；还有青铜器，把两片范浇铸出来的青铜器对接一下就是一个完整器型。而侧面表现的作品，首先看起来就不那么中正，再就是操作起来的难度，要比表现正面的作品大很多，尤其不利于批量复制。

1986年在浙江余杭县瑶山良渚文化祭坛出土了一件人兽面饰，该面饰用白玉雕琢，高6.2厘米、宽6.3厘米、厚0.6—1.1厘米，呈倒立三角形，下端有一定弧度，为人兽复合图案。上部为神人头像，面部呈倒梯形，眼、鼻、口、牙均以阴线刻出；头顶羽冠高耸，用阴线刻11组羽状纹；颈的两侧有椭圆形镂空。下部为兽面，椭圆形的眼睛凸出于器表，以阴线的重圈为眼珠，鼻子以云纹构成；底缘凸起部位用以表现兽的嘴部，嘴内用阴线刻 4 枚獠牙。该面饰背面光滑平整，有 4 组横向小孔，应为穿缀之用。

良渚文化面饰上的所谓神兽多为老虎。神人（也就是巫师）主持宗教仪式时，一般都是骑在老虎的身上，如果有谁表现不好，巫师就派老虎把谁吃掉。有的人人虎不分，看着良渚面饰就发蒙。其实鉴别起来很简单：人在上，虎在下；人戴着羽冠，老虎一般不戴帽子；人眼睛小，虎眼睛大，而且大的不是一星半点儿。

它们的共同点是都在发怒。

人面形陶塑

人面形陶塑的出现，应该先于其他材质（比如石头），青铜就更不用说了。因为陶土质地柔软，容易拿捏，不管是成形还是五官的刻画，用泥土和水就行了，顶多捏完了用火再烧一下。我怀疑最开始连火都不用，直接放太阳底下晒干。而石头太过坚硬，还要费力开采、琢磨。但是不要小看这些陶塑面具，它们金木水火土五大要素都全了，当年女娲抟土造人，用的就是陶土而不是什么其他材料。

新石器时代中晚期的文化类型划分更是以陶器作为判定依据，比如是单色陶还是彩色陶，是深腹筒形罐还是双扣连体壶，陶器材质中含多少沙土，上面是绳纹还是方格纹，这些陶器是日用品还是用于祭祀等。

人面陶塑面具在史前遗址已经发现了数十件，一种是通体呈薄片状，人面五官俱全，耳朵或额上有穿孔，整体尺寸与真人面部大致相当或稍小，适合作为面具佩戴。大多在西北地区发现的，如甘肃天水柴家坪出土的一件仰韶文化雕塑人面，残高达25.5厘米。另外还有陕西安康县五里乡柳家河遗址出土的一件仰韶文化庙底沟类型的夹砂陶人面形陶塑。陕西宝鸡北首岭发现的一件仰韶文化人面形陶塑，用细泥红陶塑制，男性形象。

2017年5月，首博有一个考古成果展览，其中有一件展品就是陕西省西安市高陵区杨官寨遗址出土的人面陶器，它小眼睛尖鼻子，嘴往下撇（都是镂空的），面部涂着朱砂，据认为其功能应与巫术活动有关。奇怪的是，该陶器从面部轮廓往后延伸了几厘米，看上去就像个瓦当。

杨官寨遗址位于高陵县姬家乡杨官寨村四组东侧泾河左岸的一级阶地上，面积约80万平方米。2004年以来，陕西省考古研究院对其进行了长达4年多的考古发掘，发掘面积逾17278平方米，发现各类房址49座、灰坑896个、壕沟9条、陶窑26个、瓮棺葬32个、墓葬45座、水井5口，出土各类可复原的器物7000余件。

此外，陕西合阳关家营、陕西华县柳子镇、西安半坡，均出土有新石器时期陶制人面。此外，甘肃永昌鸳鸯池还出土过一件陶制人面石镶嵌。值得特别一提的是，陕西扶风姜西村出土了一件陶制面具，跟狗子几乎一模一样。其中一些面具保存在陕西历史博物馆。

在半坡遗址，出土过数件绘有人面鱼纹的彩陶盆，据考证这些彩陶盆就是最早的面具，死者下葬的时候，扣在死者的面部。

在浙江余姚河姆渡出土了一件夹砂黑陶制作的人面雕塑，湖南安乡县汤家岗遗址出土了一件红陶的人面雕塑，拉萨曲贡遗址出土了一件陶塑猴面，辽宁大连市北吴屯遗址下层文化遗存出土了三件刻画陶人面像，这些彩陶都属新石器时期。河南陕县七里铺出土的仰韶文化人面形陶塑，出土时已残，呈薄片状，正面虽存眼、鼻、口，但已不知原状大小。在河北博物院也看到过几件北福地遗址出土的陶制面具。2012年，内蒙古赤峰市敖汉旗兴隆沟遗址出土了一尊红山文化整身陶塑人像，通高55厘米，造型为盘坐、口呼状，似以当时的巫者或王者为原型雕塑而成。

商周时期，曾经流行于史前时期的人面形陶塑虽已经大为减少，但遗风仍存。郑州上街出土了一件商代人形面具陶塑，残高10厘米，除鼻子为塑制外，耳、目、口均是刻划而成。

比起石制（包括玉制）和青铜面具，人面形陶塑保存到现在比登天都难，它们是真正意义上的面具中的幸存者。而它们保留下来的原因，可能就是因为它们看上去太没有价值了，就连盗墓者都不屑一顾。

仰韶文化。
由于年代久远,别说面具,
就连这种材质也无从考据。

古人的表情

祭祀坑出土。

陶。

王者归来

　　1983—1985 年间,在辽宁朝阳市的牛河梁梁北山丘顶上的女神庙遗址,出土了一批分属五六个个体的泥塑人像残块,以及若干动物塑像和陶制祭器。著名的女神像出土于圆形主室的西边一侧,紧靠主室的北墙。女神庙的周围墓葬群中还出土了玉猪龙、勾云形玉佩、马蹄状玉箍等大型玉器。

　　第一眼看到女神像,就令我不寒而栗。她大小与人面相近,面颊丰润、颧骨突起,戴着一顶小帽,额头有一处明显的开裂,头顶部分缺失,耳朵(应该是左边的)还掉了一只。嘴角做欲语之状,看上去诡异幽冥。特别是嵌在陶质面模里的那两粒淡青色的玉石眼珠子,更是点睛的神来之笔,让人感觉这个女神仍然具有超人的能量,仍然主宰着世间万物,其传达气息几乎没有其他的面具可以替代。难道这就是上古先民所崇拜的女神吗?它仅仅是一件孤立的面具，还是众神之神？

牛河梁女神庙建于女系氏族社会繁盛期，从出土的器物来看，当时的女神崇拜已经逐渐向多神崇拜的原始宗教过渡。这件女神像只是众多的女神之一，从她们大小形体不同判断，已有高低不同的等级，所谓红山文化晚期，宗教已被掌握在贵族手里，已经产生了植根于公社，又凌驾于公社之上的高一级社会组织形式（见《文物》1994年3期）。这些女神像的内涵今天已经不能确知，有人猜测跟生殖或生产方面的巫术有关。

殷商玉人就被认为是祖先神或者商王的形象，柳眉倒竖，凤眼（后来演变成臣字眼）圆睁。蒜头鼻子微微凸起，双唇紧闭，两耳当啷着圆形耳饰。它们大多头戴平顶冠帽，帽檐上有凹槽，跟牛河梁女神那顶小帽几乎一模一样（或许有几道竖线或者斜线）。

湖北天门也出土过几件石家河文化时期的玉人头，它们的像跟殷商玉人不但相貌接近，也都戴着平顶小帽。这几乎可以依此制成人脸识别系统。只不过湖北出土的玉人大多都受沁严重，呈现出鸡骨白，而殷商玉器总体来说则很少受沁，包括妇好墓出土的玉器。有人分析，这是因为殷商玉器玉质缜密，抛光精细，不容易被侵蚀。另一方面，出土殷商玉器的殷墟地界靠近洹河北岸，土壤为沙土性质，加上北方地区干燥，所以极少受到侵蚀，甚至光亮如新。

人们还提到上海博物馆的一件龙山文化的玉立人，头上也是刻有弧形凹槽的平顶冠。从红山到殷商,中间隔着石家河、良渚和龙山,时间相距将近3000年。为什么这3000年间的玉人几乎都是一个模子,其间也许存在着传承关系。之前的不说,殷商先人祭祀的玉人,身份绝非一般,非王即神。帽子两横加上脖子上那一道横线,竖线就不用说了,无非就是人脸上那条中轴线,这几条线加起来就是"王"字的由来(说的不对,请勿较真)。

殷商玉人早期圆雕较少,后期较多。这是鉴定这个时期玉器的一项重要依据。另外,人物雕像中,除了祖先和商王,还有贞人的形象。所谓贞人实际上就是巫师,其职责是祭祀、占卜,并在甲骨上刻写占卜结果。贞人能够传达神的意志,是神与人之间的中介,在殷商时代具有极高的地位。

关于贞人,董作宾先生认为:贞上的人名即代王问事情之人,称为贞人。卜与贞,本是两件事,早期是太卜司卜,太史司贞,有时王来亲贞。卜人应该只限于太卜,才有这灼龟见兆,断定吉凶的专长。卜辞里也偶尔见卜人的名字。贞人是问卜的人,大部分是当时的史官,但不全是史官,有时候殷王亲自来问卜,记着"王贞",这王也可以称为贞人,王妇、王子、诸侯,偶然问卜,都写他们的名字,也都可以称为贞人。不过史官做贞人,所记卜辞都是自己写自己刻的,同时我们可以看到他们的手笔真迹,比较他们的书契的艺术和技巧。若是王贞,则卜辞的书契,自然需要史臣代庖。帝乙帝辛父子欢喜自卜自贞,常见"王卜贞"的记录,而记录者却是太史,并不是王亲自书契。

贞人的穿着打扮跟祖先神和商王有一些区别，首先他们没戴小毡帽，而是戴着帽冠比较高的帽子。这种小毡帽以前在盛锡福帽子店就有卖的，特别是五六十年代，也许是设计师从古人那儿得到的灵感。现在戴这种帽子的人极少，而且现在人什么帽子都可以戴，也不讲究什么身份地位。

当然，不是所有古代玉人的帽子都是这种形状。比如江西新干大洋洲以及陕西沣西西周墓出土的玉人，他们的帽子大多都很高，像是现在厨师戴的。这种冕冠状头饰或为平顶，或为圭首状。据说，佩戴这些玉人，大多是为了通灵。另外，在出土的殷商时期前后的一些面具上还明显长着犄角，可见，前面说过的平顶小帽只是巫师职业着装的一种而已。

再说玉人耳朵上的配饰，据认为是玉玦。那么，玉玦究竟是干吗用的，清人吴大澂在《古玉图考》中说得详细。玦指的是有缺口的佩玉，其作用一是作为配饰，也就是现在男人戴耳环（可见男人戴耳环这件事自古就不新鲜）。二作为信物，见玦时表示施赠者与之断绝关系（在张爽家见过一件，她说是艾丹送给她的），引申含义是处事果断。另外，玦还可以射箭，戴在右拇指上以做钩弦，其作用相当于后来的扳指。所有这几条加起来看似合理，其实哪层的意思都不太对，都是后人的引申或者附会。

关于耳环还有一种说法：玉人所珥之环，应是珥蛇的变化。三星堆铜人也多是珥环的。《易经·乾用九》有"见群龙无首，吉"之说，群龙即蜷龙，将蜷龙的象征物珥在耳朵上，正见其本质用心。《山海经》里记载了不少珥蛇的族群,其中族属关系最明确的是夸父,他曾和蚩尤、两昊一同被黄帝所杀,即与炎、黄争帝中战败,失去生命的这些头领同集团、同族属。

殷商玉的种类多为白玉和青玉。殷商人尚白,但在目前所知的殷商古玉中,白玉制作的玉器数量极其稀少,大多为淡绿色的青玉。至于制玉工艺,当时已出现青铜工具,可以取代新石器时期的砣具对玉进行加工打磨。所以,这时期的玉器加工特点就是出现了双阴挤阳线和一坡刀,其线条坚硬平直,呈 V 字形,这是新石器时期的玉器加工所不具备的。有人认为这个时期的甲骨文,就是用雕玉的刻刀刻的。当然,这个观点还需要证据支持。

2015 年,我在安阳妇好墓看到的玉器大多如此。记得那天,我和阿坚刚一进大门,就看到墓室入口处矗立着的那尊 3 米多高的汉白玉妇好雕像,只见她一身戎装英姿飒爽,手持一个大板斧(钺),估计是吓唬盗墓贼的。其墓葬保存完好,估计跟墓主人是女将军的身份有关。2016 年 3 月 8 日,首博办了一个妇好墓文物展,展品跟在安阳妇好墓看到的类似。这一圈看下来,觉得前面那些关于玉人、玉面的分析都对,但是它们的神秘气息仍然让我感到不可思议,就像亲眼看到王者归来。

从玉凿齿到解玉砂

红山文化神面体横而扁,两侧有突榫及钩形物,和那里的钩云形玉佩之意约略相通。其旋涡眼系由两颊下部琢出的沟槽沿抛物线向额前沿伸,再从内眼角向外卷绕,围住镂成圆孔的目睛。红山玉神面的底部皆雕出一排巨齿,或五枚,或七枚,极具特色。《山海经·海外南经》与《淮南子·本经》均提到古有神人或神兽名"凿齿",郭璞、高诱在注释中都说其齿状如凿,则正和红山神面上的大牙相合,故不妨暂称这类神面为玉凿齿。但是,为什么要让神人或神兽的牙齿这么突出,就不得而知了。有一点可以确定,牙好胃口就好,再硬的食物也嚼得动。

我手中恰好就有两件这样的玉凿齿。一件为石质,呈墨绿色;另一件为河磨玉(料),呈淡黄色。我觉得了解新石器时期文化,一定要从各种不同文化期器物的材质入手,这是必须做的功课。

就红山文化的玉器而言，多为岫岩玉与河磨玉两种，而所谓石头中还包含鸡血石和玛瑙。最近河磨玉被市场热炒，大有跟和田籽料一决高下之势。

其实我觉得就算河磨玉属于籽料，也暂时无法跟和田籽料相提并论。主要是因为河磨玉这种提法太过含混，很多基本概念都搞不清，一会儿说它是岫岩玉，一会儿又说不是，远不如和田籽料这么干巴利落脆。私下里也把河磨玉与岫岩玉做过比较，感觉河磨玉在细腻程度和油性方面比岫岩玉要好些，但最终还是分不太清楚，问题就是出在河磨玉到底是不是岫岩玉上。其实解决这个问题很简单，拿到设备上一测就测出来了。但是，科学代替不了经验，更无法代替审美。这才是玉文化的广阔天地。

再有就是河磨玉的产地。红山文化属于北方草原文化，不管哪种文化，就地取材是肯定的。大体来说，河磨玉分黄绿两种。黄料产自岫岩县偏岭乡细玉沟的黄白老玉玉矿。绿料源自海城市孤山镇、析木镇的一些绿色老玉矿。地点在偏岭往北的方向。除了产地不同，两种颜色的玉料还分布在两条不同流向的河水中。这两个地方我都没有去过，但光是看资料中的描述就挺有意思，觉得这其中有很多玄妙。

乔治·奥德尔在他的《破译史前人类的技术与行为——石制品分析》一书中，强调了石器研究的重要性：对人类改造利用石质材料的认知，是现代考古学整体研究中不可或缺的一部分。制作石制品的第一个步骤显然是找到合适的原料。在石材丰富的地区，原料在地表唾手可得。在沟谷地区，一些堆积物中会含有可用的石料，但流水会侵蚀堆积地层而将石头搬运到下游，同时还将石料磨圆。想要从这种河谷中采集石料，就必须掌握石料沉积地层的位置与河流系统的侵蚀机制。

对石料最初的研究集中于采石场和矿井这两种遗址，因为这类遗址最为直观。因此，我们通常比较了解这些地点曾经的人类活动。然而，多数考古遗址并不位于石料产地，对这类遗址，我们很自然地想知道遗址中石制品的原料来自哪里，是如何获取的。

多年来，研究者对考古遗迹石制品原料的来源多限于推测，通常只是用肉眼观察，然后凭借记忆或与手头其他标本的对比来猜测石料来源。当已知条件较多，关系又很明朗时，这种方法是很准确的。但常常事与愿违，因为被开采利用的岩石，其形成原因具有很强的多样性，例如燧石、黑曜石、玄武岩和砂岩。有些石头的差异在外观上一目了然，但即使同一地层产出的岩石也可能在外观或其他方面差别迥异。

一旦采备到了石料，石器制作的过程就可以开始了——既可以在石料产地进行，也可以带回营地去做。这里说的"石器"是广义上的概念，是指一切人类制作出来的石制品，无论它是否经过进一步加工或者看起来像不像我们脑海里浮现的精美工具。

石器的形制特征取决于制作过程，因此考古工作者饶有兴趣地长期思索着石器的制作过程。这方面的先驱，以及石料采备问题的早期研究者威廉·霍姆斯在系统地探讨石器制作方面做出了突出贡献。他提出了一个概念,即双面器是分若干步骤加工的,而形态粗糙的双面器可能是在早期生产阶段被中止的产物。

作为考古研究者,我们对于古代石器制作的认识还是十分局限的,因为石器被制作和使用的时候,我们并不在现场。在现代社会中,我们失去了与祖先沟通的纽带,没有任何传说或口述史能够帮助我们解读任何史前遗物,因此我们也许永远无法重塑史前人类生产与使用工具的整个过程。因此,我们对考古遗存的阐释,很大程度上有赖于对现代部落,即现在还在使用与史前人类相同工具的现代人群的观察与比较。对民族学和民族考古学的依赖会产生一些缺陷,它们可能会掺杂与古人类行为模式毫不相干的信息,但是如果谨慎运用,它有助于重建人类历史。

良渚文化的玉器用料大部分是透闪石、阳起石软玉,莫氏硬度在 6—6.5 之间。此外还有矾石、蛇纹石和萤石等材料。另外还有一些其他文化期的玉料,都不是什么秘密,一查就能查到。令人觉得匪夷所思的是琢玉工艺,因为很多制作玉的工具看不到了。就拿良渚玉器来说,那么细密的阴刻纹饰,到底是如何刻出来的,就存在很大争议。有人认为是采用旧石器时期的传统技艺,有人认为是用鲨鱼牙齿刻出来的。有人做过实验,让很多人穿着草鞋在水边走,最后把草鞋堆一起烧掉,剩下的就是解玉砂。

我收藏了一套春秋战国时期的缀玉覆面,材质为产自临淄一带的滑石。它们被打磨得薄而平整,周边钻有供细绳或金丝银丝穿系的小孔。逛过临淄古玩市场的人都知道,滑石(与岫岩玉、昆仑玉以及蓝田玉一样,被视为地方玉的一种)在当地大量使用,不光是覆面,还用于制作玉环、玉璧、玉琮等。与其他地方玉所不同者,滑石的质地极软(硬度可能连 4 都不到),简直用指甲就能在上面刻出划痕。

古人的表情

草原文化。通常体形巨大，站在路口或山顶，目送日出日落。

草原文化。
眼睛里镶嵌着宝石，嘴巴
里镶嵌的是贝壳。

草原文化。睫毛也很重要，
它代表太阳的光芒。

方相氏和吞口

商周时期的青铜面具，有的出自窖藏、祭祀坑，有相当数量出自奴隶主贵族墓葬。这些面具或放置于二层台上，或发现于墓道。这些迹象表明，商周青铜面具除了用于傩仪场合，也用于丧葬，其作用与功能同覆面罩有区别，并非用于储存亡人魂气，而是与打鬼仪式有关。

《周礼·夏官司马》"方相氏"条下载："大丧，先柩。及墓入圹，以戈击四隅,驱方良。"释云："丧所多有凶邪，故使之导也。"意思是说，墓地沿途及下葬之处鬼魂甚多，恐其拦道，惊扰送葬的人和死者，所以在发丧时由黄金四目、身披熊皮的方相氏，率领佩戴面具、手操兵器的打鬼人员在队伍面前开道，边舞边挥动兵器驱吓邪祟。

及至到了墓地，方相氏还要率驱鬼人员进入圹室，手操干戈在墓圹四个角落再挥击一番，意在驱赶隐藏在里面的恶鬼凶邪。直到认为邪祟已尽，不会对墓主人的安宁构成威胁时，方能将死者下葬。方良及魍魉，是一种厉鬼，是方相氏在丧所驱打的主要对象。

据民族史料记载，送葬时对待鬼魂有两种方式，一种是取悦鬼魂，诸如跳舞、唱赞歌之类，还有一种就是驱赶。这种习俗传至后世，方相氏便演化为先导神、险道神或开路神君。利用方相氏在丧葬仪式中打鬼开道，自周朝以来，古籍中屡见记载，如《后汉书·礼仪志》"大丧"条记载："大驾，太仆御。方相氏黄金四目，蒙熊皮，玄衣朱裳，执戈扬盾，立乘驷马先驱。"《晋书》："方相仡仡，旌旐翻翻，"就是形容送葬时的盛大场面和方相开道打鬼时的壮勇情景。而那些商周墓葬中发现的青铜面具，就是在丧仪结束后弃置在墓圹内的，其目的就是希望借助面具镇邪。在汉代一些墓室的壁画或画像石上，常刻有方相氏的形象，其意也是在于抵御凶邪，守护墓主人的安宁。

1935年秋，在河南安阳殷墟侯家庄西北岗大墓中，出土了一面商代后期的青铜面具，它表情木讷，吊眼睛、塌鼻子，耳部没有穿孔，只是头顶有一个桥形钮柄，可供悬挂或提拿，我国现存商周面具造型与之类似者绝无仅有。关于此面具的用途，学术界有两种意见。一种认为系盥洗室的装饰品，一种认为是作战用具。前一种意见缺乏依据，早已被陈梦家否定。至于用于作战的说法也难成立，因为战争面具眼、口皆应镂空，以便于观察和叫喊，该面具眼口处都是实的。而且战争面具造型一般都非常狰狞、恐怖，该面具面相太过温和了。最后得出的结论是，这件青铜面具系悬挂于陵墓中的奴隶像，也就是供墓主人在冥间役使的殉人，作用与奴隶俑或侍从俑大体相同。

另外，在北京平谷、陕西城固、陕西西安等地都出土过商代的青铜面具，这些面具用途各异，只有河南浚县西周贵族卫康叔后裔的墓地中出土的3件青铜兽面，属于辟邪御凶的吞口。它们分别出土于墓之三隅，另一隅有盗坑，推测原本有4件，有一件已被盗墓者窃走。将四件相貌凶恶的青铜兽面置于墓之四隅，是为了镇守东南西北四方，使鬼魅不能进入墓穴加害死者。

1986年10月至11月间，在北京房山琉璃河西周大墓中也出土了4件人形面具、5件兽形面具。4件人形面具造型大体相同，正面凸出，颧骨较高，牙齿整齐，略作笑状；双目及鼻孔皆镂空，前额及下颚两侧各有一对圆形小孔。5件兽形面具造型亦大体相同，正面凸出，阔鼻大口，眼眶内凹，凶神恶煞；双耳小而扁平，牙齿错列如锯；前额、下腭及耳部各有一对圆形小孔。根据人形面具的尺寸、造型及面具上的孔眼分析，它们应是挂或钉在墓室四壁或棺木上的，属于面像一类，是供墓主人在冥间役使的奴隶或侍从；兽形面具则是用于驱鬼镇墓，属于吞口一类。

汉代的吞口。

上面是两个舞人，底下的螭龙呈北斗七星状，类似的图案，通常出现在汉代墓室的天花板上。

古人的表情

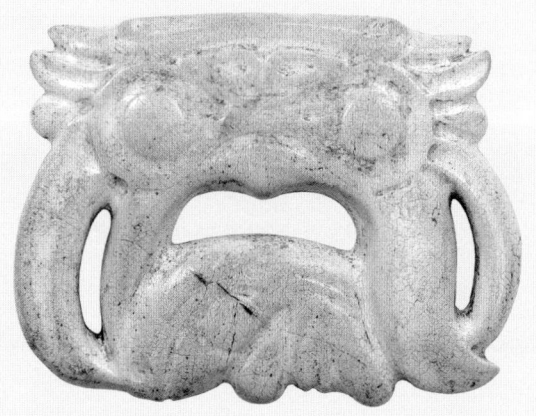

被猛兽吞噬头颅的君主。君主只有牺牲自己才有可能代言神灵。（但这件面具有疑问）

缀玉覆面

缀玉面罩又叫缀玉幂目或玉石覆面，属葬玉之属，用于覆盖在死者面部起保护作用，但也不排除有其他寓意。我认为它是古面具中级别最高，形式最复杂的，实在有不厌其烦记载之必要。

《仪礼·士丧礼》云："幂目用缁，方尺二寸，赪里，著，组系。"郑玄注："幂目，覆面者也；赪，赤也；著，充之以絮也；组系，可为结也。"由此可知，幂目为正方形，长宽各一尺二寸，分内外两层。外层为黑色绢帛，内层为红色绢帛，两者之间夹放丝绵，四角有带子，可与头部相系。缀玉幂目上缀以加工成眉目口鼻形状的玉饰件。在死者面部饰玉，起源于原始社会末期，大约到西周中期时发展为缀玉幂目。

我怀疑最早的时候，拿几块石头（未必是玉石）在死者脸上随意摆放一下就行了，据说在幂目出现前，人们只是在死者脸上蒙上一块丝织品，再在上面剪出五官，以表示天人永隔。也有人认为，蒙上丝织品还有一层人生悲苦，愿死者活在天国不再转世的含义。我觉得这属于过度解读，因为很明显，这是佛教的想法。而佛教只是在汉代以后才传到中土。

幂目出现后，是将打磨好的玉片缀在丝织品或者兽皮上，上面的小孔就是证明。缀玉面具只有诸侯、贵族才能使用，从西周一直持续到战国晚期，到了汉代出现金缕玉衣之后，缀玉面具就被取代了。

根据考古资料，现已发掘的年代最早的玉覆面饰，见之于西周虢国墓地一号大墓，墓主人可能为虢国国君。墓中随葬各类文物三千两百余件，死者面部覆盖有制成五官形状为主体的一组玉覆面饰，其他玉片排列均保持一定的组合规律。玉片边缘钻有明暗孔，以线连接于丝织物衬地材料上。

1993年在山西曲沃、翼城境内的天马—曲村遗址晋侯墓，也出土了两组玉石覆面。M8号墓是西周晚期一代晋侯之墓，出土的缀玉面罩由52块玉石分上下两层缀在绢帛上而成，每片玉皆磨光成型。上层27块，四边有8个玉坠，四角有角有颐，上部中间有菱形的额，下端中间为近似半圆的颔，两侧中部为耳；眉、眼、鼻、口、颊一应俱全。以上玉饰表面多不钻孔，而在侧面切割一道缝与背面钻孔相通，以免线绳外露。下层缀有人、虎、眼、鼻、口等饰。在覆面的上层缀玉上，放有玉柄形器一件，位置恰当玉鼻之上。

此外，这座大墓还出土了兽面纹玉琮、正面绿玉立人以及上部似正面立人而足下收束成蛇尾的黄玉人像、中段似侧面跪坐人像而两端各连龙首的青玉配饰。

编号为 M31 墓的墓主，系前墓墓主之妻，发现的玉覆面即出自墓主人头部。这件玉覆面由 79 片不同形状的玉片组成的面孔形状，五官俱全。覆面轮廓是用两种等腰三角形石片围绕，大三角形尖端向内，小三角形尖端向外，相间排列。耳、鼻、眼、口等五官部位则分别用长方形、半月形、方形、涡形、弓形等玉片排列表示。另外在额部、颊部、鼻翼位置也都排列不同形状的玉石片。这些玉石片每件上面均有钻孔，显然当初制作时是同某种织物连缀固定在一起，然后再覆盖在死者面孔上。因织物腐朽，仅存玉石片。

在该墓地编号为 M62 墓系西周末年晋侯邦父夫人墓，棺内人骨头部亦分布玉覆面一件，由 48 件玉片缝缀在布帛上组成人面形。面孔轮廓围以 24 片玉石，中间用 24 片玉片组成五官。眉、眼以碧玉制作，额头左右为两只蹲伏回首的玉鹿。除玉缀外，其他玉片均琢有精美的纹饰。

1994 年 5 月至 10 月间，考古队在这里又进行了第五次较大规模的发掘，在 M92 号墓出土的一件缀玉覆面，它紧贴在墓主人面部，由 23 块形式不同的玉片缀在布帛类织物上组成，9 块带扉牙的玉器围成一周，中间眉、眼、额、鼻、口、颐、髭共 14 件玉器构成一个完整的人面形。出土时有纹样的一面朝下，素面朝上。扉牙呈黄褐色，眉、髭呈青白色，余皆呈黄色。

这两次发掘报告，分别发表在《文物》1994年第1期和1995年第7期上，而主持这两次发掘的，正是李伯谦教授。我觉得发掘报告的珍贵，在于它准确描述了文物发掘的第一现场。器物摆放的位置和方式，跟在博物馆里看到的大不一样，地摊上就更不用说了。

类似的情况还见之于洛阳中州路发掘的一些春秋战国墓。死者面部往往有许多用像眉、眼、鼻、口等形状的玉石片排成的五官形状，可能当初也是将这些玉石片缀附于织物上，覆于死者面部。

我手头有一件缀玉幂目，是18件组合（其中有一片还断了），材质为滑石，年代也应该在春秋战国时期。那还是在去年（2016）11月，我待在北京无聊，便跑到济南找朋友喝酒。到了第二天早上，本来说好要去四门塔，可我酒后抑郁复发，加上不想再麻烦朋友，便退了房决定直接回北京。临走之前看还有一段时间，便跑去一个叫汽车厂的古玩市场闲逛，想不到没走几步就在一个地摊上看到了这件玉覆面。玉覆面，何等稀有之物，以前都是在博物馆才能看到，此时不收更待何时。

记得去济南之前，刚在北京艺术博物馆看了一个汉代诸侯王出土玉器展，其中就有一件西汉早期的玉覆面罩，是1994年在徐州市铜山区茅村镇后楼山5号墓出土的。另外还有一件出土于徐州火山刘和墓的银缕玉衣。这两件东西四五年前在徐州博物馆也看到过，这次可谓是一回生，二回熟，见了面大家从心里打一声招呼。

回到北京，别看买回的玉覆面只有18片（其实也不算太少，还有11片的），复原起来颇费了一番功夫。当时我心里就想，多亏了只有18片，如果这件玉覆面是118件，不知道复原起来有多难呢。就像是摆积木（或者玩拼图），最后总会有一块摆放不回去而成为多余的。

古人的表情

玉缀面，起到的也就是点缀的作用。

楚人的相貌

这件玉覆面，跟 1997 年 8 月在荆州秦家山 2 号楚墓出土的那件战国玉覆面几乎一模一样，除了尺寸，以及缺少供缝缀之用的那 8 个小圆孔，虽然不过是盈寸大小不足以覆面，但是跟覆面的关联是显而易见的。它们有可能是由正常尺寸的面具演变而来，它们通常佩戴在额头或者手臂上。

根据资料记载，1997 年 8 月下旬，荆州市博物馆对马山镇凉林村秦家山 2 号楚墓进行了抢救性发掘。该墓是一座带斜坡墓道的正方形竖穴土坑墓，墓葬开口的边长为 14.8 米，深 82 米。葬具为一椁三棺，属中型楚墓，年代为战国中期偏晚。墓主人为女性，其身份比包山 2 号楚墓墓主左尹略低，为楚国贵族。

秦家山 2 号楚墓早年被盗，头箱、边箱被洗劫一空，但棺室却因三棺相套而幸免于难。令人欣慰的是，正是在未遭盗掘的内棺里，出土了一件弥足珍贵的玉覆面。

这件玉覆面是用一整块青玉雕琢而成。平面为椭圆形，呈黑褐色，长径20厘米，短径13.9厘米，厚0.23厘米，与普通人面部的大小一致。其制作方法是，先将一块玉石锯截成薄片，经过切割和打磨，做成人面的轮廓，然后进行钻孔、雕刻。眼睛、鼻孔、嘴巴处皆为镂空，头发、眉毛、胡须则为阴刻，在玉覆面的四周钻有8个小圆孔，以供缝缀或固定之用。出土时，这件玉覆面仍覆盖在墓主人的脸上。与之相应的是，在墓主人头骨两旁，还随葬了两件玉璜、两件玉佩和一件玉笄，它们与玉覆面应该是一套完整的组合。

这件玉覆面的面部轮廓为上宽下窄的瓜子脸，发、髭皆为中分式，与荆州出土的木俑颇为相近，有人由此推测，可能是以当时的楚人为蓝本。其实这也未必，以往对楚人的形容都说他们是筚路蓝缕，以启山林的蛮夷之族，剽疾、轻易，但不一定都长着瓜子脸，我觉得这种造型应该跟当时的审美有关。至于战国时期的楚人什么审美，读读《离骚》就知道了。其实，我不太关心楚人的相貌，最让我奇怪的是，既然墓主人为女性，为什么玉覆面却是男人的形象。我想，这该不会是她的老公吧，或者当时就时兴这种葬俗。

玉覆面是一种典型的葬玉，起源于中原地区，在先秦时期盛行一时，发展到汉代成为金、银、铜、丝缕玉衣等，标志着丧葬玉器发展到巅峰。及至三国魏黄初三年(222)，魏文帝看到汉代诸陵无一不被盗掘,乃作《终制》,禁止使用"珠襦玉匣"殓尸,此后的墓葬中就再未出现殓尸用的玉器了。不过,这只是一种通行的说法。

不得不说,这个魏文帝曹丕也很逗,喜欢吃葡萄,曾命亲弟弟曹植作七步诗。好友王粲死了,曹丕让大家在丧礼上纷纷学驴叫,因为王粲活着的时候就喜欢听驴叫。因为痛恨厚葬,他专门立遗嘱不树不坟,估计他的陵墓盗墓贼至今还没找到。

在山西曲村晋侯墓地和河南三门峡虢国墓地中,曾经发现了几件玉覆面。然而,中原地区出土的玉覆面都是用许多小玉片缝缀在丝织品上,覆盖人脸五官。秦家山二号楚墓出土的玉覆面与中原地区的玉覆面是否存在着渊源关系,现在还说不清楚。

煤、煤精和琥珀

很早就知道抚顺出煤,但更多的就一无所知了。在抚顺参观过煤矿博物馆,才知道抚顺的煤有几个特点,一是离地表层很浅,据说是当地人在家挖地窖挖着挖着就挖出煤了。这当然是比较夸张的说法,煤层再怎么浅也是在沙砾层、绿色页岩和油母页岩之下,否则岂不人人都可以开采了。抚顺的煤还有一个特点就是易燃,随便一根火柴就能点着(这很像有的人的暴脾气),比烧柴火还省劲。再有就是抚顺的煤燃烧后几乎不留灰烬,环保,还不用花大气力处理废煤渣,而一般的煤烧完后留下的灰烬的比例跟原煤几乎是一比一。所以抚顺的煤价格很贵,而且一般都卖到外地,当地人自己烧的却是从外地运来的煤。

说完煤再说煤精,抚顺煤矿博物馆里有很多煤精的样品,其中我最喜欢的一块是当年(好像是20世纪50年代)送给朱德委员长的,不知道为什么又摆回博物馆的展柜里。我发现跟普通煤比较,煤精的质地要细,色泽也比较均匀。据说煤精在抚顺过去并不受重视,在人们眼里,它跟一般的煤没什么区别,随随便便扔炉子里就烧了,后来才发现它的工艺价值。我对这个说法有些存疑,有过收藏经验的人都知道,煤精不是现代人发现的,古人很早以前就用煤精制作面具、印章之类的小物件。那时候古人还不知道如何烧煤呢,只有到了西汉才开始用煤冶铁。

现在市场上很多煤精都是用煤粉合成的,其乱真程度专家都打眼,外行人更是很难鉴别。按我的理解,煤精就是成精了之后的煤,是名副其实的乌金,当然要格外善待,不管是古代还是现在。

琥珀就不多说了,因为现在琥珀和蜜蜡满天飞。之前知道琥珀由树脂演变而来,但琥珀跟煤相生相伴,还是头一次听说,感觉它们就像一双双黑暗中花豹的眼睛。在抚顺很多地方,都可以看到售卖煤精和琥珀的小店。煤精基本都制成伟人雕像,琥珀则多制成挂坠、手串,当然也有一些小摆件。价格没有打听,因为它们不在我的收藏范围。

虽然这次通过参观抚顺煤矿博物馆搞明白一些问题,不过还有疑问,不管是煤、煤精还是琥珀,形成的时间都要上亿年,而上亿年前的抚顺之蛮荒可想而知,那是猛犸象、剑齿虎和矮脚马的世界。琥珀肯定是树脂变的,幸运的话,它会滴落在一只昆虫上面,把它永久地保存下来。但什么样的树(或者树在什么条件下)才可以变成煤、煤精或者化石(博物馆一进门就看到一截树化石),

该不是只有紫檀以及黄花梨才能变成煤精,而类似榆树、松树之类的只配变成煤吧。

这件面具的材料是煤精石，所谓煤精石，就是煤成了精。

人面像岩画

2015年1期的《文物》上,刊载了一篇题为《贺兰山苏峪口岩画调查简报》的署名文章,作者为宁夏回族自治区博物馆。不看文字,光是附图中的人面图案就令人吃惊。我手头就有几件跟这些图案相对应的面饰,它们全都为石质。

苏峪口岩石质地为青砂岩,表面因风雨侵蚀呈铁锈色。岩画制作时先用硬石块或尖状器在岩石上刻画出细线,然后沿细线敲凿出麻点,组成粗线轮廓,或在轮廓内通体敲凿。每一画面上的个体图像为一个到十几个不等,包括人面、手印、脚印、狼、马、羊、驴、鹿、龟、树、草等,以人面居多。这些人面大多呈圆形和椭圆形,圆眼睛或者长方眼睛,鼻子多为三角形。有的下巴上还长着胡子,眉毛都很长,跟面部轮廓连着,头发直竖。很多人面构图抽象,或由多个圆圈组成连环纹图案,或只是简单刻几道交叉线或平行线。如此的表现手法，就连现在的抽象画家也未必能掌握。

曾经有人将中国北方的岩画与北美科迪亚克人面岩画做对比，科迪亚克人面像有三种表现方法：一是在人面鼻孔下出现四个孔；二是将下面两个孔的距离拉开，分别凿在两边面颊上；第三种是将这两个圆凹降到嘴的两角之上，而不是在嘴角之下。这三种小圆凹的表现方式在中国人面像岩画中都大量存在，尤其是两个圆凹凿在两边面颊中间，不少龙山文化的玉器上都铭刻有这种样式的图形。

科迪亚克位于北冰洋（阿拉斯加西南）火环群岛，有考古学家猜测，那些岩画源自中国文明，是四千多年前的中国人凿刻的。我曾经在一份资料上读到一则关于科迪亚克面具的介绍，说很久以前，阿拉斯加的艺术家们根据萨满巫师在梦中所获得启示来制作木质面具。在公共典礼堂举行的仪式上，面具成对地出现，用来解读祈愿狩猎满载而归的各种神话故事。这些面具具体象征了一些危险的精灵或者变形的野兽，它们都是萨满巫师潜在的灵媒。海豹、海狸、北极狐、蛤蛎、风之精灵，以及诸多来自北方的精灵，都服从于萨满巫师的召唤，在治疗疾病和占卜仪式中助佑他们的法力。

中国人面像岩画与黑龙江下游遗址间的相同之处就更多了。遗址中的很多表现元素，如人面眉心纹、脸颊上的弧形纹刻、无轮廓人面的形状，都能在中国的人面像岩石画遗址中找到（见《失落经典——东北三江流域古代萨满文化现象》)。苏峪口岩画从时间上大致可分为三期。最早时期的岩画画面图像较少，零星分布于后期创作的图像之间，部分图像被叠压在后期图像之下，刻画颜色几乎与石画颜色相同，内容主要是人面，多为单线刻，制作粗糙，面部轮廓不规则，五官凌乱，个别图像只能靠触摸时的手感来辨认。这一期岩画的年代上限可能最早到新石器时代。第二期，画面图像所占比例相对较多，内容主要是人面、动物等，全部使用敲凿法，图像也相对清晰规整，人面开始出现帽子等装饰，这一时期应为西夏至明代。第三期主要内容仍以人面、动物为主，还有手印等。人面制作规范，面部轮廓多样化，五官更加规整，耳部出现装饰物，这一时期下限则应定为明末清初，因为在苏峪口内 10 公里处发现有清早期凿刻的摩崖佛像及梵文。

其实不管这些人面像岩画留下多少谜团，都还不算邪乎。我记得早年间读过一本书叫《众神之车》（作者是瑞士的冯·丹尼肯），其核心论点是上帝是宇航员，也就是我们说的外星人。在这本书的开头部分，就出现了几张岩画的图片，一张是南非岩画，一个身穿短袖衫衣、马裤、吊袜带、手套与便鞋的白色人像。冯氏点评说，很难想象当年那些一丝不挂的原始土人是如何画的。还有一张是意大利瓦尔卡莫尼亚的人像岩画，画面中两个人穿着衣服，还戴着独特的头盔。另外，还有一张是撒哈拉沙漠的塔西里岩画，画的一看就是宇航员的形象。

嘎巴拉及其他

　　三联书店对面有一家卖贝壳的小店，当然也卖海螺和石头。我去三联买书时，没事总要进这家小店转转。一天，看到柜台里有几件叫嘎巴拉的挂饰，细一打听，原来嘎巴拉一词是梵文，意思是头盖骨。店主解释，戴上嘎巴拉可以避邪。我听着则有些瘆得慌，便搭讪几句匆匆离开。后来查资料才知道，在藏传佛教中，大修行者所用的人骨法器，比如念珠之类的，一般人的骨头不行，必须是喇嘛高僧的遗骨，最多的是手指骨和眉骨，因为佛教讲究因缘，僧人作法手指自然用得最多，而眼睛则是阅佛经明世情的地方，这两个部位最具悟性。贝壳店的挂饰显然是用头盖骨做的，而且显然有些年头。不知道店家是通过什么途径得到的，为什么要跟贝壳类的东西摆在一块儿。不过有一点确定无疑，那几件嘎巴拉挂饰的材质，跟贝壳类十分接近，洁白、光亮、半透明。

喇嘛高僧的遗骨，除了一小部分制作成法器外，余下的一般都会天葬。1985年我在西藏期间，看过两次天葬。天葬台是一块巨大的石头，上面布满西瓜大小的半圆形的坑，很显然，这些圆坑都是由于常年砸击人骨留下的。天葬台方圆半里地，遍布死者的衣服和头发，几只秃鹰在天葬台上方盘旋，等待着下一顿食物。

我有两件骨质的面具。一件面具看似年代久远，制作年代应该在4000年前，保存至今居然完好无损。圆形，直径约为5厘米，两只镂空纹饰的眼睛就像两个齿轮。我想，这就是所谓的太阳神吧。一般的骨质品，不论取自什么动物何种部位，其骨头多多少少都会有弧度，不会像这件骨质面具如此平整。另外，这件面具分正反面，正面光亮，背面布满小孔，过去应该是骨髓。不清楚这是什么动物的骨头，不过一看就不是人类的。但我不认为只有人类的骨头才具有悟性或灵性，动物的骨头只适合煲汤。

还有一件长方形的骨质面具是我去年在武汉收的。这是一件挂件，跟前面那件相比，做工精致多了，从纹饰上看（饕餮纹），应该最晚不晚于春秋战国。春秋战国时期是玉器的天下，想不到还会有骨质器物，而且规格如此之高。至于是什么动物的骨头并不重要，找一家鉴定机构或古脊椎动物研究所，鉴定一下就行了。

第三件骨质面具是在天津发现的，是一件骷髅挂饰，两三厘米大小，是用人的头盖骨制成的，年代应该在新石器时期。它造型独特，面部下方各自延伸出一部分，看上去就像是一个十字，类似的器型我在其他地方也看到过,不过都是石头一类的材质。当时我犹豫一下,又去看别的东西。等我拿定主意返回去买这件骷髅挂饰时,那家摊位居然不见了,那件骷髅面具挂饰就这么跟我失之交臂,就像是古人出窍的灵魂。

古人的表情

骨头琢成的面具，但不知道是哪个部位的骨头，可以清晰地看到砣痕。

严格地说，这不是一件面具，而是刻在骨头上的神灵，由若干神秘符号构成。

太阳神,骨制。

两只眼睛如同齿轮,也可能就是齿轮。

古人的表情

佛面。东汉。

钺

这件玉钺长 5.5 厘米，宽 6.3 厘米，厚 1.5 厘米，由上等的和田白玉透雕而成。器身雕的是张口怒目的人面纹，眉目鼻均突起，口稍凹下，露出一排尖尖的（被认为是鲨鱼的）牙齿，口的上方留着几根长长的胡子。而鼻子上的 V 形纹饰，通常被研究者解读为会意字，意思是表示元气，特别是这种会意字，主要出现在神面的鼻梁上。

钺这种器型大约出现于新石器时代晚期，多为石质或玉质。在一些规模较大、规格较高的墓葬中，石质或玉质的钺往往是标志墓主人身份地位的重要随葬品。

到了商代，出现了种类繁多的青铜钺。曾有考古学家将属于商代的近 40 件铜钺按铸造大小顺序分为三型八式，制作精美程度亦有不同，而最为壮观的当属山东博物馆的两件大型铜钺，其中一件人面铜钺1966年出土于山东青州苏埠屯1号大墓，其正背两面的人面形口部的两侧，各有一个"亚丑"铭记，铭文左为正写，右为反书，因此，该人面铜钺又叫亚丑钺（当然，对这两个字的看法存在很大歧义，有人专门著文考据）。我去济南的时候，曾专门到山东博物馆看过一次，发现它与我的这件玉钺何其相似，由此认定，这件玉钺的年代应当跟亚丑钺属同一时期，以其精美程度，如果把它放进博物馆展柜，它也一定会成为博物馆的镇馆之宝。

钺在古代有着几种不同的用途。《史记·鲁周公世家》载："周公把大钺，召公把小钺，以夹武王。"《殷本纪》也说："汤自把钺，以伐昆吾，逐伐桀。"后人推测钺应是具有一定身份地位的王公贵族使用的武器，由此又引申出钺的另一个用途，即权力的象征。我觉得后一种解释比较靠谱，那么沉的兵器，身子骨再好也未必挥舞得动，更不用说拿着它上阵杀敌了（杂耍几下还差不多）。所以古人很慎重，用了一个"把"字，意思是用手扶着。

目前已经发现的青铜钺数量，跟戈、矛等武器相比，颇为悬殊，钺形的玉饰神面就更是凤毛麟角，也就不足为奇了。

另外钺还是一种刑具，专门用来砍头。因此，器物上的人面都很恐怖狰狞，每一件青铜钺上面都沾满了鲜血（也不奇怪，钺本来就是由石斧演变而来的，本来就应该有尖利的刀刃和砍伐的功能）。李济先生曾经指出，许多大型青铜器物，其形状可以从新石器时代的器物中找到原型，青铜容器的形制仿照陶料和木料容器，青铜器用具和武器则如实地沿用石制用具和武器。在另一篇文章中，他还说，在这些遗物中，青铜的原料除了铜之外，还有锡，这锡从哪儿来，是值得我们研究的。锡器在中国没有出产，它的来龙去脉，也是应当研究的（见《我与中国考古工作》）。

在芝加哥美术馆，也有一件西周时期的青铜钺，其精致程度不在亚丑钺之下。神面的额头上，有一个菱形纹饰，据认为这种纹饰代表太一。到了东周以后的青铜器上，这种纹饰就不再出现了。而青铜钺上面的神面基本上大同小异，都是龇牙咧嘴的（一点儿都不低调），以致数千年后，仍然令我们望而却步。

古人的表情

钺形面具,据说是伏羲的形象。
他双眼圆睁,欲言又止。

圣水牛

圣水牛是商代图腾之一种，跟羊一样，属龙类（不知道是不是两者都有犄角的缘故）。所以，商代的牛首、羊首上都会带有麟状标志。商代人认为牛是水神，可以镇水，所以有沉牛以水、祭祀山川之神的传统（比如在颐和园和黄河岸边的铜牛和铁牛）。商代的羊则被视为龙羊，专管替龙王行雨，两者的分工不同。区分商代的牛首和羊首主要看犄角，牛首的犄角一般都冲上，而羊首的犄角是向下卷曲的（这种造型与牛犄角同样意味深长，古人认为它们代表了宇宙的秩序），而且往往比牛犄角更粗更夸张。

林巳奈夫先生在他的《神与兽的纹样学——中国古代诸神》一书中，对古代青铜器上一些与牛相关的纹饰和造型进行了细致解读，从犀牛、羚牛到民都洛水牛，这其中当然也包括水牛。他分析道，水牛生活在湿气比较重的地方，是与水田关系密切的动物，最终变成了水田作物稻谷的守护神。至于林巳奈夫先生说的水牛是不是圣水牛，就不得而知了。

见到过的圣水牛牛首，性情都相当温顺，但也有例外。辽宁朝阳博物馆就有一件圣水牛玉（石）雕，它穿着一件横条毛背心，下面穿一条斜方格裙子，脑袋上只剩下一个犄角，鼻子的造型也很特别。只见它龇着獠牙（上下各两颗），怒目圆睁，样子有些凶神恶煞。估计它的那只残了的犄角，就是跟别的圣水牛干仗时打丢了的。这件圣水牛玉（石）雕件的制作时间应该是在新石器时期的中晚期，那时候的圣水牛可能野性未改。

那么，圣水牛到底是一种什么样的牛呢？资料显示，它是 1925 年由 A.T.Hopwood 在河南安阳殷墟发现并命名的，A.T.Hopwood 的中文名字叫胡步伍，是英国的古脊椎动物学家，除了圣水牛，他还在中国发现了中新世象类化石，并于 1935 年出版过一本中文版的《中国象类化石》，目前在孔夫子旧书店有售，价格在 200 元到 400 元不等。

在浙江自然博物馆，还有一个 1977 年从河姆渡遗址出土的全新世时期圣水牛头骨（实际上就剩下犄角，头盖骨以下都没了），证实圣水牛是目前所知最早被人类驯养的水牛之一，尽管如何考据的没有说明，一般都是依据出土的骸骨数量，但被驯养是一定的，不然的话，你把它推到水里祭祀，它未必配合。无论怎么说，这件头骨说明圣水牛不是杜撰出来的，历史上确有其牛。实际上，从新石器到青铜时代出土圣水牛骨骸的遗址共 16 处，在跨湖桥、河姆渡、罗家角、康家村等遗址也出土了圣水牛的遗骸。

全新世是一个地质上的年代划分，专指地球从 11700 年（也有 12000 年说）前开始至今。在这个时期，很多哺乳动物、爬行动物都灭绝了，这其中也包括圣水牛。但圣水牛灭绝的具体时间很难确定，至少它们在商代还在地球上活动。但是我们对这种庞然大物仍然所知甚少，比如一头成年的圣水牛究竟有多重，它的食性如何，水性如何，能活多久，肉好不好吃（红烧好还是清炖好）等。

前段时间，偶然在一本杂志上看到一篇关于圣水牛的文章，认为东周之后器物纹饰上不再出现圣水牛的形象，这可能是由于两周相交之际，全新世大暖期结束，中原地区气候不再适宜野生圣水牛生活。也可能是商人捕杀过度，导致圣水牛在北方消失（见《圣水牛的家养／野生水性初步研究》，作者王娟、张居中，刊发于《南方文物》2011 年第 3 期）。我觉得未必尽然，这个结论太过拘泥。东周之后，有很多神话符号（比如太一）都从礼器上消失了，这跟太一存不存在无关，而是说明中国历史由此彻底告别了神话信仰时代。

古人的表情

宇宙的秩序,在圣水牛的犄角上(也包括山羊的犄角,两者之间,有细微的差别)。

神羊面具。
神羊和神牛,曾经是这个世界的主宰。

猪龙的演变

沈阳的一家文玩市场，我看到一个地摊上摆着一块青色的鹅卵石，上面还有几道打磨的痕迹（所谓带着工的），一看就是新石器早期的物件。问摊主器物的来历，摊主说是捡来的，当时只顾了讨价还价，忘了打听在什么地方，是在山上还是在小河边捡到的。当然，不是说我也去捡，如此神秘的东西，必然有其不凡的出处。

这件器物长 8.5 厘米，宽 8 厘米，厚 2 厘米，整体轮廓为鹅卵石的自然形态，造型不甚规则，不像是一件工具，但又说不清它像什么动物。中国人不管是玩石头还是玩树根，都希冀它们的形状或图案能像一个具体的东西，比如像猴子、老虎或者佛陀。大家都把这个理解成自然的造化。其实，在我看来，什么都不像最好，用不着把想象力往具体的东西上靠，仿佛没了具象，想象力也就没了着落。

经过反复揣摩,发现这件鹅卵石原来是个兽面,从后来玉猪龙的演变判断,我认定这件器物应该是玉猪龙的雏形,具有非同寻常的价值。其打磨工艺十分简洁,左上方一道斜线勾勒出神兽的耳朵,边上的一道勾勒出神兽的面颊,最右端的一道打磨,是神兽的鼻孔,而石器上唯一一个孔洞,应该是神兽的眼睛。孔洞也是由桯钻对穿而成,尽管不太对称,但能够清楚看到经数次桯钻留下的台痕。而神兽的嘴,应该借用了石器本身自然的形状。整件器物造型完整,气韵生动,没有一处是多余的。只可惜有两处小的磕碰,反而与数千年前的古老工艺形成反差,更能证明这件器物的年代之久。

新石器时代据认为是从昂昂溪开始的,然后是仰韶文化和龙山文化。其实,有的文化只是地域之分,并不存在谁先谁后。比如红山文化的千斤营子类型,距今已经有1万年了,我们对它仍然认识不足,就连博物馆里也只有石器、陶片等少量实物。

红山文化到了赵宝沟类型,已经有猪头龙、鹿头麟、鸟首等灵物形象出现了,而且具有相当的艺术水平,也蕴藏了某种意识形态。同类遗址除牤牛河上游有较多的发现外,北到西拉木伦河、西至河北省安滦河下游亦有分布,年代距今6200—6800年。

我认为这件兽首的年代更为久远,当属红山文化早期的兴隆洼与查海类型,乃至千斤营子类型。兴隆洼文化距今7000—8000年,目前发现的兴隆洼石器种类较少,可分打制、琢制、磨制和压制四类。在新建不久的辽宁博物馆，能看到这个时期的锄形、磨盘、磨棒和石斧。这个时期的人显然还不懂得用玉，所谓的玉文化是红山后期才开始出现的，这时期的人们发现玉的质地虽不如石头坚硬，但是比石头细密润泽，更易于与神灵沟通。

在红山后期的遗址中，除了坠、镯、配饰外，还发现了猪首C龙形玉雕、龙形玉雕等。比如，翁牛特旗赛沁塔拉、黄谷屯红山文化遗址中先后发现两件形制和风格基本一致的玉质圆雕蜷龙，巴林右旗羊场发现的猪龙形玉雕，大凌河流域建平县出土的兽形玉，凌源县三官甸子出土的双猪首玉璜，喀左东山嘴出土的双龙首玉璜，都被认为是龙的原始雏形（见《红山文化》，中国文史出版社）。

把我手头的这件石器猪龙首与上述的诸猪龙相比较，它们之间的联系和共同点是显而易见的。它也是肥头大耳，双眼圆睁，嘴巴微张。头部下边的部分是蜷曲的身体。只不过这件猪龙的材质和造型更加原始，做工更加简单。所以，将这件兽面视为年代最早的始祖猪龙首也不为过，后来的猪龙都是经由它而进行进一步的繁衍或者进化。当然，这个论点还需要更多的证据支持，其具体年代还需要科学测定。

那么，红山人为什么把猪和龙这两种风马牛不相及的东西结合在一起呢？首先我认为出于无知是肯定的，其次就是这种臆造出来的怪物可以满足他们的需求，比如前面说的用它跟上天的神灵沟通（主要是呼风唤雨）；或者显示自己的王权地位，一把它拿出来其他人立马服了。还有人分析,其神态盘蜷中隐含着升腾。必须承认,这是迄今为止,我听到的关于猪龙的最靠谱的诠释。

虎食人

这件神徽长 8 厘米,宽 10.5 厘米,厚 0.8 厘米,通体布满细小的开片。当时我就想,如果是石制品的话,不应该有这种开片,更不该呈鸡骨白状。回到家以后用手电筒一照,果然边缘部分依然通透,能看到里面的玉质为橙黄色(哪种玉料尚不得知)。但可以确定,这件出自内蒙古的神徽由玉料而非石头雕琢而成,且玉质细腻,雕工精美。

凭我的直觉判断,它属红山文化中晚期,距今大约三四千年。最为特别的是这件器物的器型,在红山文化玉器中尤为少见,在我收藏的众多面(饰)具中,也是最为特别的一件。红山文化给人的印象多为生殖崇拜,不是男祖就是女阴,再不就是丫形兽或者玉猪龙什么的,当然还有勾云形玉佩,据认为这是古人对天体的模拟,在当时属于先进文化。但虎食人的纹饰,据认为最早是在青铜器上出现的。安徽阜南出土的商代早期青铜尊、商代晚期的妇好青铜钺以及广汉三星堆1号祭祀坑出土的龙虎尊上，都出现了虎食人的纹饰。在法国巴黎塞努齐亚洲艺术博物馆，有一件商代晚期的虎噬人青铜卣，虎口里的人形屈身抱腿做蹲状。

有人认为虎口中的人是用于祭祀的牺牲。但还有一种说法，认为虎口中的正是商王本人，商王正是以此来宣示自己的君权神授。问题是我手里这件神徽如果没有疑问的话，虎食人的纹饰出现的时间就要大大提前，红山文化乃至商代文化很有可能由此而改写。

回过头来看这件神徽，它由神兽（也就是虎）和神人组成。神兽怒目圆睁，张着大嘴，两只獠牙就像是卡尺（有意思的是，一只獠牙内勾，另一只獠牙撇向外侧），将神人的脑袋正好卡在中间。神人脸面朝下，呈凹造型，五官大得夸张，神态非常享受，完全看不到恐惧。比较容易忽略的是他那顶双阴线勾出的帽子，很像现在的人冬天戴的毛线帽，可以遮住耳朵、面颊和后脑勺。即便在今天的人看来，这种帽子也相当时髦。

神人的帽子可不是随便戴的，不同形状的帽子代表不同的功能。从新石器时期出土的神人面饰上看，神人的帽子有很多种，比较常见的有红山女神庙出土的女神戴的那种扁形小毡帽。有人解读，毡帽的两横代表天字。再有就是石家河文化以及江西新干大洋洲的神面饰，其帽筒高耸直达天庭，看上去有点像厨师的帽子，又有些像罗马柱。良渚文化中的神人则是戴着高耸的羽冠，据认为这代表着太阳的光芒，良渚文化由此被认为与太阳崇拜有关。良渚文化的神人一开始是跟神兽在一起的，到了后期人兽才分开。

我还有一件商王的面饰，其发型跟帽子分得不是特别清楚，有时候觉得他戴着一顶帽子，有时候觉得他留着一个大分头。这不禁让人感慨，咱们不像古希腊人，数千年来，没有一个自己的神谱体系。古希腊考古，随便发现一个神面，就能叫出名字。

其实，头戴线帽的神人也不是孤例，我在一本资料中就见过一件戴着相同帽子的神面饰，可惜材料不在手边，凭借记忆又一时想不起来了。将来有机会的话，我一定会出示相关的证据。但是最令人匪夷所思的，是这件神徽的镂空部分，两只獠牙与两侧弧形的髭鬓（暂且这么称呼）构成神兽的面部轮廓；神兽的上颚和人首之间的部分，构成了神兽的口型。神徽的顶部，我认为是一条横卧着的双头龙。不仔细观察很难辨识，由此可见，古代工匠也会挖空心思，在细微之处做些手脚。据说陆子冈就曾偷偷把自己的名字刻在龙的舌头上（现在的工匠亦是如此）。

神徽的背面，有三组对钻出来的穿孔，穿孔旁还有几道直线，原来这件神徽是用于佩戴的，应该被视为玉佩的一种，所以等级要比一般的神面配饰高出很多。但它的佩戴方式尚不得而知，这么大一件东西，戴在额头上未免过于夸张，弄不好还会影响视线。挂在腰上又太不起眼，估计佩戴在胸前。如果知道它出自哪个墓葬，便会知道一些原始信息，比如它大体的摆放位置，一起出土的还有没有其他的器物（如权杖）等，现在只能靠猜测了。不过，从磨损程度判断（几乎可以说光亮如新），这件神徽不太可能经常被佩戴，只有逢年过节，比如出席祭祀活动时才拿出来炫耀一番。

此类神徽，不同于其他类型的神器或者礼器，并没有特定的用途，比如求雨啊战争啊驱鬼啊丧葬啊之类的，它很可能只是用于表明佩戴者的身份，因此它的造型也跟其他面饰有所不同。它的拥有者，一定享有至高无上的权力，不是部族的首领就是大祭司。放在我这儿，确实有些糟践了。

无论如何，虎食人不管作为纹饰还是作为器物，其影响在各方面都是深远的。简单来说，就是既然是猛兽，嘴里就必须有点儿东西，不管是衔着环还是含着球叼着花。近些年时常发生虎食人或者人被老虎从汽车旁掳去的事件，我非但不觉得血腥，也许是受了上古文化的影响，对此还有些无动于衷（所以不会站在口水战的任何一方），进而还会产生一种奇特的感觉，觉得一位新王就要诞生。

古人的表情

红山文化玉神面。

泛红山文化。

可疑的兽面，疑似豹子或老虎。

熊出没

　　同母系氏族社会一起饱受质疑的还有图腾。

　　图腾在 20 世纪八九十年代是一个特时髦的词，这些年不怎么说了。但是，如果去民族园一类的地方，你会看到广场中间立一大柱子，上面刻满飞禽走兽（或许还有几株珍奇植物）。天气好的话，还可以看到一些打扮怪异的人手拉手围着柱子跳舞，并不时发出叫声。这根柱子就是图腾柱，而人们跳的舞蹈就是图腾舞蹈。在原始时期，比如说氏族的图腾物是熊，那么，人们跳图腾舞时就要戴着熊的面具，披着类似熊的装束，并且模仿熊的动作和声音。

　　有人认为，像姜寨村出土的人面纹彩陶瓶、天水师赵村出土的蛙纹彩陶钵、青海出现的大量变体蛙纹、南郑龙岗寺出土的人面纹彩陶罐、日照两城镇出土的兽面纹石锛、陕西西乡何家湾出土的人面纹骨管等，都可能是跟图腾有关的面具形象。现在的图腾，按我的理解，就是身体上的刺青。不管你在身体上刺上什么，什么就附体了。未必一定是动植物，也可能是个电视遥控板或者一个抽象的几何图形，比如粽子。

所谓图腾一词，来自北美印第安阿尔工钦部落方言，意为"他的亲族"。当时人们认为自然界某种动植物或者其他物体与本族一旦发生亲缘关系，便将其视为本族的祖先和保护神而加以崇拜，不管是骡子是马，是蛇还是老虎。每个氏族都有图腾，图腾形象往往就是氏族的名称、标志和族徽。每个氏族也都有自己氏族起源的神话以及宗教祭仪和禁忌。但是，不是什么东西都可以成为图腾，比如太阳崇拜就不是图腾，祖先崇拜和生殖崇拜也不属于图腾，尽管图腾柱很有可能就是从男性生殖器演变来的。

孙机先生在他的文章里，也对图腾表示了慎重的态度。他认为图腾制并非是人类原始时期的普遍存在，我国新石器时代绵延数千年，在许多考古文化中都找不到它有哪种特殊的图腾符号。世界上很多民族都有自己的始祖诞生神话，却并不都发展成图腾制度。如果商人以玄鸟为图腾，则周人岂不应以大脚为图腾？玄鸟与商族的关系虽于文献有征，但未得到考古学的证实。本来说商王室图腾是玄鸟，后来又变成猫头鹰一类的恶鸟，势将无法解释。

孙先生还引用施爱东先生的话加以强调：文献记载也好，图像表达也好，出现动植物，以及动物神、植物神，其实都是很正常的事，与所谓图腾主义可以毫无关系。可是，图腾学者们只要从中看见一点动植物的影子，马上就将之断为图腾，以至于无时无处不图腾，这实在有点让人啼笑皆非。

我收藏有一件商代的玉熊面饰，应该跟熊图腾有关。它长着小小的眼睛和大大的耳朵，看起来非常卡通，就像是在卖萌，并没因为跟图腾联系在一块儿就变得凶神恶煞。它的玉质为碧玉，通体呈碎裂状。原来，玉在封闭环境中是软的，即便是在承受压力的状况下也保持一定的韧性，就算有些玉器会弯曲变形，或者发生似碎非碎这种状况，也不会轻易折断（因此，宁为玉碎只是象征性说法。其实，玉，尤其是好玉结实着呢）。

这件玉熊面饰就是经过数千年的风化，在各种因素的作用下变酥了。仿佛稍一用力，它就会在手中变成粉末。但神奇的是，它至今依然保存完好，感觉好像刚雕出来不久。

与蝉共鸣

在金沙遗址出土过一件雕有三对翅膀的昆虫图案的玉饰片，经考据，玉饰片上正是一个飞蝉的图案。蝉的出现并不奇怪，江汉地区的史前石家河人，已经开始批量雕琢玉蝉，江西新干大洋洲商墓中的青铜钺和鐏上，也见到了蝉纹。此外，新干大洋洲于1989年还出土过一件蝉纹琮。在中原地区的礼器上，更是经常出现心形外廓、上端是对称的卷云纹、下端为尖弧形的人面蝉纹装饰。可以断定，从商代开始，蝉就成为一种图腾。

我们都知道，蝉的一生经过卵、幼虫和成虫三个成长时期，卵产在树上，幼虫入地下，成虫重回树上。像很多昆虫一样，雄蝉在交配后很快死去（好在不是被雌蝉吃掉）。有的蝉在地下生活十多年后才重见天日，经历新一轮的轮回。

在古人看来，蝉的蜕变过程含有死而复生之意，蝉的鸣叫又与气象变化有关，古人觉得它知天时晴雨。于是，蝉身上又多了一层神秘色彩，进入信仰领域。另外，蝉不吃东西，只饮树汁。这一点也令古人格外着迷，有人总结，饮而不食者，蝉也（见《一只玉蝉在古蜀国的轮回》一文，作者不详）。这一点很容易让人联想到狗子。

所以，当我见到这件一面是蝉一面是人面的碧玉挂件时，并不是特别意外。之前我就收藏过一件类似的红铜挂件，也是一面是蝉，一面是人面。最让我好奇的是，这两个人面似乎都不是东方人，虽然前面说到的对蝉的感悟方式是东方的。也许，在数千年前，东西方人看待事物的方式并没有像现在有这么大的差别（但是我对轮回不感兴趣，觉得人如果太过看重轮回，就会失去解脱的乐趣）。

这件蝉形人面挂件长 5.7 厘米、宽 3.5 厘米、厚 2.8 厘米，通体碧绿油润，一侧严重土沁，导致表面凹凸不平。人面大鼻大眼，蝉面为一三角形蝉翼，顶部有一对对穿小孔。最值得一提的是顶端两个突出的眼睛和两条横贯的阴线，看上去就像是一顶王冠。虽然还暂时无法判断它属于哪个文化期的，单从玉质、造型和风化程度来看，这件蝉形人面挂件至少属于商早期，在土里埋藏了 3000 年后，如今终于有了它的出头之日。

最早见到玉蝉，是所谓汉八刀，后来又见到过琉璃的蝉（也是汉代的），它们都是古代葬制中所说的口琀。用蝉作为口琀，当然也是死而复生含义的具体体现。

历史时期的口琀，有玉做成的玉蝉等，也有以其他装饰品比如玉玦替代者，此风可追溯到龙山时代。在山东地区，大汶口文化中就有以镞形器做口琀的。这应当是商周时代口琀的直接来源。这种风俗向前可追溯到兴隆洼，M118墓主口中即含有石管一件，当为口琀之滥觞（见《考古随笔》，陈星灿著）。

除了蝉之外，在古代艺术品中能见到很多其他的昆虫崇拜，比如青蛙。因为青蛙善于繁殖，弹跳力强，又爱吃蚊子，象征着人丁兴旺和风调雨顺，所以在神殿中也有宝贵的一席之地（比如故宫就藏有一件石家河文化的嫦娥与蛙同体的玉饰，表明了青蛙在上古神话中的特殊地位）。但青蛙从直观上怎么看怎么形而下，特别是它们的叫声过于鼓噪，远不如蝉的鸣声那么矜持。你看它们用细细的喙管轻轻插入树木，就如同一根唱针放在黑胶唱片上，静静倾听着时光的年轮，真是又诗意又空灵。

我们小时候，都有半夜拿着手电筒去小树林中捕捉鸡鸟猴的经历，捕回来的鸡鸟猴放在纱窗上，看着它缓慢向上攀缘。到了下半夜，知了（成虫）便会从蝉蜕中钻出来，绿色的翅膀慢慢展开，直到整个身体的颜色由浅变深。于是有人推测，蝉这种神秘的昆虫跟月亮有关（古人认为水是大地的精髓，水之精或者土之精的代表就是月亮）。不然的话，就难以说明它的每一次蜕变为什么都发生在深夜了。

我手头还有一件蝉形面饰，年代也应该是商代早期的，其造型与1989年在江西新干大洋洲出土的那件蝉形琮几乎一模一样，从中不难看出蝉形纹饰及造型的演变（特别是两只凸起的幼蝉，就如同一对眼睛。蝉形面饰的背面，则贯穿着一条隆起的脊柱，这种脊柱，以往只有在红山文化的玉龟壳饰上可以看到）。

今年8月去北戴河，时值正午，海面上波光粼粼，树林中，蝉鸣声铺天盖地响成一片。蝉蜕随处可见，即便是蝉，也不避人，似乎仍在享受着古人对它们的膜拜。

我不由得去想，这些蝉如此自在，一定有其充足的理由。从外观和身上的纹饰看，蝉也许是地球上最古老的昆虫（没有之一），而且是仍然活跃在我们这个星球上的活化石。

它们的进化历史，要远比人类的历史久远。可以相信，即便将来人类从地球上消失了，蝉也还将继续它们的生存，而人类曾经的轮回，也只能从它们悲伤的吟唱中，被反复证实。

凌家滩的小玉人

1985年,在安徽含山县凌家滩村出土了几件小玉人。这些小玉人尺寸各异,大者也就8厘米。它们戴满手镯的双臂前屈放在胸前,神情肃穆,呈祈祷状。此外,它们头上还都戴着小圆帽,腰间系着腰带,双腿直立或前屈(看着有点罗圈),有人认为这是跪姿。

跟这些小玉人前后出土的,还有神秘的双头猪飞鹰玉饰(被认为是族徽),以及用于占卜的玉龟和玉板。很显然,这些小玉人是这个族群主持宗教活动的祭司。这些文物大多陈列在安徽博物馆,这些年我几次去合肥,每次都要专门去安徽博物馆看看。说实话,凌家滩出土的这些玉器让我感觉非常不可思议,面对它们,就如同面对诸神。

有人认为,凌家滩文化是红山文化南迁的结果。红山文化也有很多小玉人，它们的身份也应该是祭司之类的，这些小玉人形象骇人，基本上由玉猪龙演变而来，它们眼睛突出，长着犄角（或者是耳朵），这些特征跟凌家滩小玉人大相径庭，不能说因为逃难，自家神灵们的长相都变了（如果不吃苞米楂还能接受的话）。

那么，红山文化为什么大老远从北方迁徙到安徽呢，据认为不外乎有战争原因，或者是自然灾害的因素。实际上，自然灾害说始终缺乏地质考古的依据，战争说就更没谱了，被打败的部落要么跑路要么被消灭，但打仗总该有战胜者吧，奇怪的是这些战胜者比战败者还低调，低调得没了下文。很多其他的文化消失也是如此，比如良渚文化和三星堆文化，它们忽如一夜春风来，然后又迅速了无踪迹。其实，我觉得发生这种情况没任何道理可言，任何文化（包括所谓的先进文化）自生自灭都很正常，不一定都要留下一条来龙去脉。

但是不可否认，凌家滩的玉器有些地方还是感觉跟红山文化有着某种关联，除打孔方式与红山文化相似外，还有一件圆雕的玉猪龙跟红山文化的猪龙看上去似曾相识。

凌家滩文化也是在一夜间消失的，有人说凌家滩人后来迁徙到了良渚，但奇怪的是，在良渚文化诸多器物中，小玉人突然不见了，取而代之的是神人神兽的图案。神人头戴羽冠，骑在神兽的身上。关于神兽，说法不一，有人说是老虎，也有人认为是别的神灵。除了把图案刻在臂镯或者玉琮之类的礼器上，良渚的祭司还会把它文在身上，以增加法力。

另外，良渚文化琢玉的手法与其他文化期大相径庭，线条又细又短，就像是缝纫机轧出来的针脚。关于良渚人琢玉工具说法不一，有人推测，良渚人是用鲨鱼牙齿加工玉器。于是，好事者找来鲨鱼牙齿，但那些牙齿很不争气，它们甚至很难在玉石上留下划痕。最终证实，良渚人琢玉还是用的研磨砂。有人做过实验，让很多人穿着草鞋在河滩边走，然后把草鞋堆起来焚烧，烧剩下的就是研磨砂，它们的硬度类似金刚石，比鲨鱼的牙齿硬好几倍。

有主流观点认为良渚文化来自崧泽文化，崧泽是上海的郊区，虽然迄今在当地没出土过什么像样的东西，但是有证据表明，当时的上海人善于种稻子（烧鱼肚裆和响油鳝糊是后来的烹饪），种着种着，就种到杭州一带了。这说明良渚文化的源头不一定是单一的，这个假设如果成立的话，崧泽文化和凌家滩文化在良渚很可能有个短暂的共存期，分裂的文化基因，从现在的江浙人的性格上还能看得出来（这么说没有任何贬义）。

我手头有一件跟凌家滩文化十分相似的小玉人。它高10厘米，宽4.5厘米，尺寸比凌家滩之前出土小玉人稍大一些，而且材质也十分接近。所不同的是，它戴着的帽子不是圆的，而是呈"介"字形，也就是说，帽子中间有一个凸出的小尖。有人认为它代表火焰，因此是太阳神的标志，在良渚文化神人神兽图案中，这种"介"字是一个典型标志（由于手头资料有限，就不在此旁征博引了）。

第二个不同之处，是这件玉人的头部轮廓不太分明，乍一看长着一个方脑袋。我认为这也是跟它戴的介字形的帽子有关，帽子两侧的头巾垂了下来，头巾与脸部之间的线条（包括耳朵）又没有刻画交代。这就要说到刻画，这件玉人的面部除了鼻子被打磨成三角形外，五官都没有用砣具加工，而是用硬物刻画而成。这些线条看上去非常草率，类似儿童的涂鸦，连两只眼睛都没对齐，包括手臂部分的处理。

还有一个不同之处，凌家滩玉人背后都有对穿牛鼻孔，以便于系戴。我这件玉人的背面却平整光滑，没有打孔。究其原因，很可能是因为时间仓促，来不及仔细打孔它就入土了，其面部和手臂上的草草线条便是证明。如果要讲故事，就是这件玉人的主人（祭司）生病，而且在小玉人雕琢到一半时这个祭司就突然往生了。由于急于下葬，玉人的制作只能草草收尾。历史上有很多类似的例子，由于墓主人猝死，陪葬品里往往会有几件半成品，不是缺胳膊就是短腿。不知道的，还以为墓主人因为犯事而遭到贬谪。

最后还要补充，关于凌家滩玉人戴的小圆帽，并不是从凌家滩文化开始的。考古发掘表明，之前有很多文化期小玉人都戴这种帽子（包括红山女神庙出土的陶制女神祭司）。这些小玉人的身份当然也是祭司，拥有至高无上的权力。小圆帽上的两行横道，据认为就是天字那两横，这也是中文天字最早的来历（大意如此）。

说来说去，中国所谓的文化期实际上是一笔糊涂账，诸神之间自然也没有一个明确的谱系，完全分不清谁是谁。它们要么缺乏考古证据，要么牵强附会，最终还得让实物说话。虽然一件孤品如果离开了它的出土环境，也很难说明问题，但我还是希望我手头这件小玉人，能帮助解开凌家滩文化的某些谜团，而不是在这儿给大家添乱。

古人的表情

来自红山的祭司,掌管天地间的沟通。他的平顶小帽上面,据说是"天"字那二横。

同上图。

祭司面具,从表情上看他的职责是傻笑。

工·源

文化的表情

古人的表情

长着鸟嘴的面具，是因为进化得还不彻底吗？

略具人形。

环形更能体现意志，从很多
早期文化中都能看到。

古人的表情

这种面具,通常都是摆放在死者(而且多为妇女)的腹部。

说是从沙滩上拾的,但仍然来历不明。

眼睛和牙齿夸张而突出，可以忽略下巴。
（说不定来自外星）

古人的表情

婴儿般的面容，额头被削掉。

应该是一个马首面具，材料是南红玛瑙，时期应该是战国，或者比战国稍早。

留着大胡子的君主（注意，也戴着小帽）。

古人的表情

寂天。（一）

寂天。（二）

寂天。（三）

古人的表情

这件面具就像罗马军团的盾牌。无锡丘承墩墓葬出了件类似的。不过,那件上面是四条螭龙,这件是二龙二凤。

人的概念最早可能来自抽象。

青铜面具,但眉毛和鼻子上生着锈。

古人的表情

祭祀坑出土，身份很不一般，帽子上有尖顶。

石膏。

青铜面具,通常人们把外面那
层,叫"黑漆古"。

古人的表情

这里，埋葬着一对夫妻。

134
―――
135

古人的表情

这里埋葬着另外一对夫妻,不过,他俩有可能是假的。

古人的表情

这个时期的面具已经偏重人的表情。

老迈的神灵,完美的曲线。

很奇特的玉面具，中间好象有个人在倒立，
眉毛部分布满星辰。它的主人应该是个祭司。

古人的表情

掉了一只犄角，前头说过的柱状的胡子，不过在中古时代胡子象征着权力，跟年纪无关。

半成品。

半拉山考古

离红山文化遗址不远,有一片被称为半拉山积石墓地的墓葬群。在几年前那件轰动一时的盗墓案中,半拉山的一个墓葬也未能幸免。我看过一张盗墓现场的照片,所谓墓葬只剩下一个个土坑。

从 2014 年到 2016 年 11 月,考古人员对半拉山墓葬群进行了发掘,共发掘出 78 处墓葬,出土了 140 多件玉器。由于深埋地下、墓葬封石脱落等因素,致使部分玉器断裂。另外,因年代久远,部分玉器甚至出现了粉化的现象。经过对这些玉器进行检测研究,弄清了红山文化玉器材质、制作工艺和加工顺序。

我对红山人制作玉器的过程比较感兴趣。根据发掘报告,他们先是将毛坯玉料进行初步打磨,使其呈现圆柱体的特征,然后通过管钻的方式,从圆柱体玉料的顶端竖向钻出内孔,在内孔尚未钻透之前,可以用工具横向切出一个圆环,这个圆环就是红山文化单孔玉璧的雏形,然后再对圆环进行打磨,形成了红山文化常见的单孔玉璧。

这种玉环类器物的制作工序和方式与今天的玉镯等环形玉器的制作方式极为相近。由此可以说,早在5000多年前,红山先人制作玉器的方式已经很发达。而且当时他们已懂得并熟练运用桯钻钻孔和管钻双面对钻技术,从M12出土的玉猪龙钻孔的台阶形错台可知,玉猪龙的钻孔有别于玉环类器物,通常用的是双面管钻。另外,从加工面存在的显微痕迹还可以看出,当时的玉器制作已使用玉砂的加工方法。

半拉山出土的玉器一半以上是蛇纹石和透闪石材质。蛇纹石外表呈灰白、石红色网纹,似蛇皮而得名,M12出土的兽首形柄端饰的主要成分就是蛇纹石。而透闪石从外表看,颜色比较淡且具有玻璃光泽,M12出土的玉猪龙的主要成分是透闪石。天河石被制作成耳饰,透闪石、蛇纹石制作成手镯等佩饰。

蛇纹石在岫岩玉器中比较多见,而透闪石在很多地方产的玉石中都存在,比如新疆的和田玉的主要成分就是透闪石,但是不同产地的透闪石玉石细腻、均匀程度各有不同。古代交通并不发达,玉料虽有外来的可能,但半拉山出土的玉器原料大多数还是来自当地。

此次半拉山墓地还出土了14件人像,既有陶质人塑像又有石质人雕像,是一次性出土石雕像最多的一次,其中一件石雕人头像属于孤品。它高额，顶部微凸，应为佩冠，头顶有拢冠带饰垂向脑后；耳部雕成半圆形，浮雕柳叶形眼，外眼角向上，颧骨突出，鼻凸起，呈三角形，浅雕两鼻孔，吻部微隆，闭口，嘴角及下颌雕刻数道胡须。还有一件红陶人首，眯缝眼，大鼻子，努着嘴，头顶有盘绕发髻。

通过碳14测年，考古工作者最终确定半拉山红山文化墓地埋葬人类年代距今5305年至5045年，也就是说该墓地持续使用了近300年。该墓地属于红山文化晚期，而且是晚期的后期墓葬。

通过对半拉山出土的人骨中的同位素比值进行测定，可知半拉山红山文化先民的食物结构以那些适于高温和太阳辐射较强地区生长的植物，如小米、高粱等为主体，或以食用适于高温和太阳辐射较强地区生长的植物为食的动物为主体，同时他们还从事渔猎。这也非常符合红山文化遗址的分布规律，向阳，靠水近。

半拉山位于辽宁省朝阳市。大约十年前去过朝阳两次，一次是夏天，一次是冬天。印象中那个地方出化石，鱼化石最多，遍地都是，最珍贵的是鸟类，它们是恐龙的近亲。另外，当地的小米非常好吃，陪同我们的朋友说这种小米只长在朝阳的一个山坡上，产量非常有限，不可能像盘锦大米那么普及。

冬天那次是跟子鹏和双鱼仨人去的，记得当时天气很怪，时而艳阳高照，时而大雪纷飞。汽车行驶在冰天雪地，一刹闸车身就自动横过来。我们白天吃杀猪菜，晚上看二人转，时光仿佛又回到亿万年前。

另外,朝阳的醋也是一绝,酿醋当然也是跟粮食有关。我吃过各种醋,只有朝阳的醋给我印象最深,只是不知道我吃的这些跟红山文化先民们享用过的是不是同一种东西。那两次基本把朝阳转遍了,就是没去半拉山(半拉山不在市内),所谓半拉山意思就是半个山,估计另一半已被大水冲得不知去向了。

红山人面，错落的牙齿，就像石窟。
目光深不可测。

古人的表情

两件红山面具,一个偏早,一个偏晚。

石家河遗址

　　石家河遗址是 1954 年在南方兴修水利工程时被发现的。这一年长江流域发生特大洪水，长江中下游地区瞬间变成泽国，荆江分洪区首次使用，京广铁路一百天不能正常运行。所说的水利工程应该与此有关吧。

　　经过对石家河遗址南部的杨家湾、罗家柏岭、石板冲和三房湾等地点进行发掘，发现了一批新石器时代遗存，尤其是在罗家柏岭发现了一处与制玉有关的建筑遗迹（大概是作坊）以及一大批玉器，包括那件著名的玉团凤。但这次发掘时间非常仓促，估计是怕干活的时候被大水冲走了。

　　直到 20 世纪 80 年代中期至 90 年代初期，石家河遗址才真正开始进行系统发掘，在遗址内的罗家柏岭、肖家屋脊等地点的瓮棺墓内发现了玉雕头像 10 余件，其形态特点有正面的、侧面的、片状的、圆柱形的。从人头像来看，虽然面部形象与冠饰不尽相同，但全部穿戴整肃，表情庄严，并都佩戴耳环。据研究应该是代表巫觋一类的神职人物，或是共同尊奉的神祇形象。

石家河文化的其他遗址瓮棺葬中也有相似的玉雕人头像出土，如江陵马山镇枣林岗遗址。此外，在石家河遗址内的邓家湾地点两个坑中埋葬着成百个陶俑，几乎都是头戴平顶或微弧顶浅沿的帽子，身穿细腰的长袍，双膝跪地，手捧大鱼。造型都是左手托鱼尾，右手压鱼头。如此规范化的制作似乎反映了某种宗教的祈祷仪式。伴随而出的是数千个陶塑动物，如猪狗牛羊鸡象虎猴等。

在谭家岭遗址寻找大型建筑遗迹时，考古人员意外发现9座瓮棺葬，其中5座有玉器随葬，共发现各类玉器240余件，这是石家河遗址玉器又一次大规模集中发现。这些玉器有以往不多见的神人头像、双人连体头像玉玦、玉虎、玉鹰等，表面均有精美的线刻图案、复杂的透雕和细如针尖的钻孔，普遍使用的圆雕、透雕、减地阳刻、浅浮雕线刻工艺。不过，随葬玉器的瓮棺葬俗不是本区域的文化传统，应该受到其他文化的影响。

实际上，在石家河遗址发现的最早遗存与距今7000多年的城背溪文化比较相似，但发现的材料非常少，整体文化面貌不清。目前石家河遗址考古学文化序列与谱系比较清晰的是距今5900年至4000年这一阶段，其文化发展序列是油子岭文化、屈家岭文化、石家河文化和后石家河文化。经过屈家岭文化和石家河文化的整合聚散，形成了一个文化高地，开始影响周边的文化，同时也接受周边文化的影响。石家河时期出土过一个玉龙，外形与玉猪龙很像，另外还有一件牙璋，一看就是受外来文化影响的。而在后石家河时代，在邓家湾出土的铜片，是长江流域最早的铜（湖北本来就产铜）。

在较早的三代时期，透过相关的文物也能看到长江流域文化因素在中原地区的出现和影响：沣西西周早期墓葬曾出土一件兽面神像玉饰，形制与天门石家河遗址出土的玉质神像风格一致，推测应是石家河文化玉器流传下来被西周时期人们收藏的。宝鸡弓鱼国墓地茹家庄 M1、M2 出土的小铜人也显示受到南方巴蜀文化的影响，该墓地出土遗物包含多方面的南方文化因素，有学者认为该墓地家族来源于早期蜀文化。周原出土的扁茎人面纹铜短剑也应来自南方地区。同样，妇好墓的某些玉器可能也来自南方文化区域，如玉凤、神人形象玉饰等。

石家河文化由于受到来自中原地区王湾三期等文化的冲击，至龙山时代后期骤然解体，这一事件发生的背景与文献记载的禹征三苗相吻合。有人认为，三苗很可能就是天门石家河文化的主人。他们在长江中游建立了巨大的城市，宗教、水利设施异常发达。

传说中，三苗是黄帝至尧舜禹时代的古族名，说白了就是蛮子。主要分布在洞庭湖和彭蠡湖之间，即长江中下游以南一带。《山海经》说颛顼生骧头，骧头生苗民，这里说的骧头就是骧兜（还有人写成欢兜）。

有文献说三苗的首领驩兜是尧臣，被称为诸侯（但给人的感觉更像是一头怪兽）。此人的特点是谁都不服，不管是尧是舜还是禹，而且多次为乱。尧遂将他们的一部分人众流放到西北的三危山，将其驩兜流放到崇山。后来禹与三苗进行了一场历时70天的大战，大败苗师，从此三苗衰微下去。此后，史籍中不再见三苗的活动。

难怪那些玉神像个个看上去都桀骜不驯，而且怪兮兮的。它们有些应该在湖北博物馆能够看到，但是，大前年我去参观的时候，只顾看越王勾践剑和曾侯乙编钟（记得越王剑的义务讲解员是个女中学生），哪曾想到去关心那些小小的神灵。

双乳山的诅咒

济南郊区双乳山汉墓,曾经出土过一套玉覆面。

因为听说当地有神秘的诅咒,大概七八年前,我们还专门去双乳山看过一次。该墓位于长清县归德镇双乳村的双乳山山顶上,距济南市38公里,开车不到一个钟头就到了。据考证该墓是西汉济北国最后一代王刘宽之墓,于1995年10月至1996年7月间发掘的。这是一座大型石圹木椁墓,凿山为陵。不像满城汉墓,要通过入口进入墓道和墓室,这座大墓整个都被挖开暴露在外,22米深的墓室,在山势的映衬下显得十分壮阔。

墓中出土随葬铜器、玉器、漆器、铁器、陶器、金饼、车马器具和家禽等2000余件。出土玉器以玉覆面和玉枕最为精致,玉枕由9件玉片、3件玉板、2件玉虎头饰及木芯组合而成。两侧设铺首衔环,四角为四枚龙形铜足,下面摆放着10余枚金饼。

玉覆面由额、颐、腮、颊、颌、耳等部分组成，共18块，用丝线连缀在一起，玉鼻罩为一块整玉，透雕云雷纹。玉覆面、玉枕、玉璧、手握、肛塞、阴茎套等与耳塞、鼻塞等共同组成了一套完备的葬玉。

此外，墓内还随葬有双辕或单辕、结构各不相同的马车5辆，16匹马，所用车马器大多镏金，看上去明晃晃的。但奇怪的是，没有发现金缕玉衣，也没有发现墓主人的印章，这对于一个西汉诸侯王大墓来说，是很不寻常的。

据说在双乳村西古道边，曾有一块清代的石碑，碑文上写道："庄前旧有双乳山一座，虽非出名大山，庄中赖以平安。凡接脉之处与庄内有关，相传如有开动接脉之处，庄中即出不意之祸。"碑上这些文字似乎是某种诅咒，当地老百姓称这石碑为"封山碑"。我们去的时候，这块碑已经不见了，说是被文管所收藏起来了。

20世纪60年代，周围的老百姓不顾封山碑上的劝诫，开始从山上取土。然而，接连发生的一些怪事，位于古墓北面有一户姓董的人家，老婆、儿子和女儿相继得癌症去世，还有东面几户人家也都有患病去世的情况发生。村民患病去世的人家有三四户，有五六个人先后去世。还有几户人家生的孩子都是聋哑残疾。如今的双乳村，依然流传着这样一个说法：村里人相继得病、死去或者残疾，这是因为挖了汉墓所引发的灾难。

在这里，村民拒绝谈汉墓，拒绝谈疾病和残疾。一有陌生人在王陵遗址附近出现，村里人就变得紧张不安。据说这个村最早的村民就是在这里守陵的,现在全村1600多口人,不少是守陵人的后代。

去山顶看大墓之前,我们先在村子里转了一圈。时间是下午两点多,村子里家家户户大门紧闭,有的院落已经荒废了。除了一个背着背篓的老妇人和一头黄牛,以及一个石碾子和一口很深的井,看不到什么人。给我们印象深刻的是,双乳村有些像北京的爨底下,村子里的房屋都是用石头盖起来的,连道路都是用石头铺就。常年的开采,把双乳山变成了一个小山坡,而这座大墓的墓道就是在村民采石时被挖出来的。壮着胆从墓道走向墓室深处,感觉有巨石要从上方滚落下来。

至于墓主人济北王刘宽的死因,《汉书·卷四十四淮南衡山济北王传第十四》交代得很清楚:"五十四年薨。子宽嗣。十二年,宽坐与父式王后光、姬孝儿奸,悖人伦,又祠祭祝诅上,有司请诛。上遣大鸿胪利召王,王以刃自刭死。国除为北安县,属泰山郡。"就是说,刘宽不但有悖人伦,与父亲的妃子私通,还用偶像伤害术,把桐木削成汉武帝的形象,并在木头人的心脏、头颅上插上铁针,然后把它埋入地下,每天用恶语诅咒,希望汉武帝早日归天。刘宽诅咒皇上的事很快就被千里眼顺风耳的汉武帝知道了,其下场可想而知。

在位11年的刘宽自刎后被草草下葬,这也是为什么没能发现金缕玉衣和印章的缘故(而且身子底下的玉也是碎的)。

当地陪同的人告诉我们,刘宽墓的西侧是王妃墓,目前还没有开挖的计划。眼看暮色已近,双乳山下升起袅袅炊烟,我们也该回济南了。临走之前,阿坚在墓道里捡了一块石头,打算送给吴笠谷做砚台,但是犹豫再三,最后还是放回到原处。

古人的表情

类似面具见过几个，真假难断。
跟那件汉代的玉面具相似，也是留着中分和胡子，它的主人据说是一位妇女，听莫迪里阿尼如何解释。

一件汉代的玉面具，留着中分，还留着胡子。

面具越到后来，表情越加狞厉，神秘感就越差。这儿说的"后来"，指的是汉代。

傩

在商周时期名目繁多的祭祀仪式中，驱傩仪式是影响最深远的。驱傩最早叫"傩"，后来衍变为傩礼和傩仪。关于傩和驱傩的起源，各种各样的考据，有引述历史文献的，有依据田野考古的，认为稻作与绳纹陶的出现是傩的起点和标志，或认为云南沧源岩画和仰韶文化陶盆的"五人结"舞者图像是傩最原始的画具图像等。我觉得这些都是考古专家和学者的事，咱们用不着在上面纠结。只知道傩是古代的驱鬼仪式就够了。

那么，古人为什么要驱鬼呢？原来，古人（特别是商周之前的）比想象中的还要脆弱，平时又没有精神寄托，什么事都搞得一惊一乍的，孔子就是一个典型的例子。他连男子光着身子披着头发在水里游泳都觉得人家是鬼（被发行歌而游于塘下）。不管是发生天灾人祸，还是家里的孩子病了，不从问题的根源上找原因，反而全都赖在鬼的身上，都觉得是鬼闹的。鬼虽然会各种功能，却也百口莫辩，因为人听不懂也不相信鬼说的话。

再有，古代的鬼也确实闹得慌，折腾起来一时一刻也不消停。最终导致人神共愤，于是便有了驱傩仪式，咱不能让它在这儿待着。

根据西汉末年学者杜子春的说法，傩就是"难"，据说这才是驱傩之傩的本义，意为诘问、责难，可引申为斥责和驱赶。按我的理解，傩就是挪，意思是挪挪窝换一个地方。在把鬼赶走之前，先把它们叫过来训斥一通，相当于现在的治安处罚。由此可见，古人对鬼的态度还是比较友善的，没有让它们再次上刀山下火海，也没有把它们遣送回原籍。

商周时期便有官傩，据周代文献资料记载，除了春季国傩，还有仲秋天子傩。所谓：天子乃傩，以达秋气。什么意思呢？原来，古人认为，瘟疫疾患流行是鬼怪作祟造成的，与节气天象有关。到了仲秋季节，按节气秋凉之后阳气应退，然而却出现异常气象，阳气非但不衰，气温反而升高，直接导致大陵积尸之气外溢，厉鬼遂出，疾疫应气感生。

到了春秋时期，傩逐渐在民间形成风尚。《礼记·郊特牲》载："乡人裼，孔子朝服立于阼，存室神也。"意思是说，民间行傩时挨家逐户搜索，孔子担心被驱打的恶鬼走投无路，会潜入神庙惊扰祖灵，故身着礼服立于庙门以身挡鬼。这确实很有意思，从小到大听过那么多鬼故事，就这个比较喜感。关键孔子是圣人（同时还是大累神，整天有操不完的心），这么做还能接受。如果换成居委会主任就讨人嫌了。

后来到了汉代时兴教化，统治者远离怪力乱神，傩反而在少数民族那里以跳大神的方式保留下来了。这些跟我们之前谈论的面具都有暗通之处，却又不尽相同。

说到鬼，不能不提丰都鬼城。我1985年去过一次，当时是坐船从重庆到武汉。经过丰都时，船停靠在岸边，主要就是让大家参观鬼城。印象中，江边上有很多卖江津米花糖和各种竹制品的商贩，完全是一幅世俗景象。但是到了鬼城全都变了，导游带着我们下了十八层地狱，当时比较时兴声光效果，那些绿眼睛红舌头在幽冥中闪着亮光。而那些正在接受酷刑的厉鬼，还会发出阵阵惨叫声和求饶声。

2006年三峡大坝建成蓄水，鬼城被淹没。这件事要是发生在古代，一定会闹得天翻地覆，驱傩是必须的，如果孔子在，更不知道会忙成什么样子。

天地乾坤

分子生物专家检测分析,推测良渚人身高中等,面圆,颧骨不突出,一般寿命在 30—40 岁之间,加上雕琢一件玉器太过费劲,于是有人分析,良渚玉工很可能一辈子只能做一件。其实我倒不这么悲观,因为有证据表明,良渚玉器的制作过程有明确分工,有人负责切料,有人负责钻孔,整套工艺流程不太可能由一个人大包大揽。

另外,古人制玉(尤其是礼器)也要讲究时节的。拿玉璧来说,一般是从冬天的最后一天开始,到秋天的第一天完成,虽说只用 180 多天,却涵盖了四季。

前年(2015)去杭州,看完良渚博物馆,老葛又带着我和荣岩去了瓶窑镇。瓶窑镇是良渚文化的两个发源地之一,我们看到有一整条街都在制作良渚玉器,其水平几乎可以乱真。关键是他们跟古人一样，也是采用流水线的方式生产，所不同的地方，现在的人使用的是机器。我突发奇想，为什么不在这个地方做一个有关良渚文化的当代系列，让这些良渚玉器以尊贵的方式穿越古今。

与龙山文化发掘时间相近，良渚遗址是在1936年，由西湖博物馆施昕更在良渚进行考古发掘，之后良渚文化一直被归为龙山文化。到了1959年，夏鼐先生才正式提出良渚文化一说。

从龙山文化独立出来，并认为龙山文化的四个类型可能是由于地区性或时代上的早晚而形成的同一文化的不同类型。最近又传来惊人消息，说夏朝之前还有一个虞朝，而良渚就是虞朝的都城，证据是在良渚发现的京畿古城的土龄在夏商周之上，但目前还没有出土文物以及考古资料证实。

玉琮是良渚文化的代表器型，上面无一例外刻有神人兽面的神徽，根据年代的不同，神人往往被简化（几乎接近几何形）。但是，我觉得良渚玉器中的玉镯的重要性不亚于玉琮，但是显然被忽略了。同样被忽略的还有神人兽面纹三叉形器，我觉得它们属于冠饰的一种，多出自男性墓葬，一般在上方正对着三叉器中间的位置还摆放一件玉管，大概是用于墓主人跟太空中的天体保持联系。也许墓主人就是从那儿来的。

这并非耸人听闻，有人证实了玉器文化跟天体的联系，不同器型的玉器代表着不同的天体模型，比如玉璧就是黑洞，有轨道有行星；而玉璇玑则是另一个有力的证据，它形象地描绘了气体和尘埃螺旋靠近黑洞的场景。再有就是红山文化的勾云形佩，不是天体，周边怎么会有云彩？不管你们相不相信，反正我信。

玉璜则多出自女性墓葬，它们与三叉器分别代表着良渚氏族社会的天地乾坤。

良渚玉器的加工程序极为复杂，从玉璞到雕琢成器，一般需要经过开玉解料、搓切成坯、设计打样、钻孔、琢纹、研磨、抛光等多道工序。

良渚文化的玉器主要借助片锯和线锯进行开料与制坯。所谓片锯，主要是质地坚硬的石片（有可能带齿或刃），反复在玉料上做基本平行的直线运动，偶尔还要改变一下角度，直到把玉料切得差不多时为止。接下来就是用线锯切割。所谓线锯大概就是皮绳，加上解玉砂在片锯留下的凹槽内来回拉拽。工匠在操作过程中，可以拉住皮绳两端，也可以把皮绳绑在一个类似弓箭的弓子上。皮绳一般都很坚韧，轻易不会磨断。

设计打样是制玉工艺中的重要步骤，在首博的良渚文化展览中，有一件半成品的玉琮两端面上便保留着设计打样的框线，清晰地提供了玉琮制作过程中打样构图的范例和细节，使整个工艺流程有迹可循。看了之后才明白，良渚玉器凭什么件件横平竖直，几乎没有模棱两可的部分。

再有就是钻孔，良渚文化时期主要用管钻钻孔，即用空心的钻具，如竹管、骨管等带动解玉砂对玉器进行钻孔。所钻出的孔洞通常会留下粗细不一的螺旋纹。不是每次钻孔都是为了打眼，有时钻孔是为了提取玉芯。

至于琢纹、研磨这个环节，至今尚属商业秘密，同时也是一个千古之谜。可以确定的是，工匠们没用砣具，这正是良渚玉器跟红山玉器的工艺区别。琢纹工具的硬度，不在金属之下，大概相当于金刚石。

抛光就简单了，要用兽皮（通常是鹿皮）反复打磨，直到去掉器物上的加工痕迹，整件器物光可鉴人为止。

人兽母题

有一年去杭州，专门去了趟良渚博物馆。良渚玉器上细密的线条极为细密，像是用缝纫机一道道轧出来的。这也是良渚玉器跟其他文化期玉器的主要区别。今年（2017）4月，在北京妇女儿童中心有个《古国遗韵》的良渚玉器展，我忍不住又去看了，证实了之前的印象。比较遗憾的是说明书中有一件镂空兽面纹玉牌饰，在展品中并没有出现。

良渚文化遗址主要分布于江浙地区的环太湖地带，由崧泽文化发展而来，年代为公元前3300—前2200年（这段时间，埃及人已经开始建造金字塔了）。崧泽文化（或者说松泽遗存）一般被视为作为衔接马家浜和良渚文化的中间环节，面貌不甚清晰。从墓葬以及随葬品的发掘情况看，这一时期的石器制作精良，种类明显增多。玉器制造技术也较为发达，器类主要是作为人身上佩戴的装饰品，如璜、玦、环、管、坠饰和颔等。

到了良渚文化的墓葬，随葬玉器现象更为普遍，可谓无玉不成葬，其中有一种玉冠饰格外引人注意。这种冠饰，应当是巫师首领一类的人使用，是他们所戴王冠上的组成饰件之一。此外，良渚文化大墓出土的玉琮上普遍刻有兽面纹或神人兽面纹。个别玉钺上也刻有神人兽面纹。尤其是玉冠饰上雕刻的神人兽面纹，表现的就是头戴面具，身穿法衣的巫师形象。

1986年，浙江省文物考古研究所反山考古队对分布于余杭县长命乡雉山村的一处良渚文化高台墓地进行了发掘，其中编号M12的墓葬中出土了一件重达6.5千克的白玉琮，上面共刻有八个形态完全一样的神人兽面纹。神人图像由两部分组成，头部为人面形，头部以下部分为兽面，两部分又共同组成一个五官四肢俱全的怪异人形。其头部戴着呈圭首的王冠状饰物，上面刻着羽毛纹饰，面部呈倒梯形。

良渚文化中，类似猫头鹰那样敏锐的眼睛代表着什么呢？答案是太阳。如何证明？证据就是伴随在它周围出现的幻日图像，即由于出现在太阳外侧的小光点发出的光芒而形成的光晕。在稻作地区，稻子的成长和丰收都离不开热量和光照这两种神灵，因此这是能符合该地区酋长身份的图形标志。

类似M12玉琮上的巫师形象，还可以在反山M22墓出土的半圆形玉冠饰以及南京博物院收藏的半圆形玉冠饰上见到，无论风格还是图像形式，简直毫无二致。距反山仅有5公里的瑶山祭坛墓葬 M2 出土的玉冠饰上，也雕有这种图像，并且在巫师图像两侧各刻有一只引颈回首的神鸟，意在表现巫师借助禽兽通灵。

张光直先生在研究中国古代美术的人兽母题时指出：所谓人兽母题又称为巫蹻母题，这个母题成分便是表现一个巫师和他的所熟用的动物或蹻在一起，动物张开大口，嘘气成风，帮助巫师上宾于天。人便是巫师的形象，兽则是蹻的形象，蹻中以龙虎为主。牟永杭先生也认为，良渚玉器上的神人兽面纹图像，表现的是禽兽人的复合像，从人体腹部装饰特征、显明的虎头以及巫师呈蹲踞状动作看，显然表示的是乘蹻驭虎的状态。唯其如此，神巫才可以乘龙虎至四海，动静之物，大小之神，日月所照，莫不砥属。

蹻字我查了一下，与跷字通用，意思是踮起脚后跟。在这里可能指的是动物走路时的姿势。

M15 出土的王冠状饰，以透雕和阴线细刻相结合的手法，再现了巫师作法时的情景。这件王冠饰两面纹饰相同，左右对称，巫师占据图像主体部分，只见他面孔佩戴一个硕大的方形面具，头上还戴着巨大的羽冠，双目大张，阔嘴而露齿，动作呈舞蹈状。在他的四肢间，回旋盘绕着卷云纹，给人一种翩翩若飞之感，显然是嗨大了。据说，当时巫师作法，都是需要借助兴奋剂的（包括音乐）。

良渚玉器中的兽，一看就是老虎，巫师骑在老虎的身上，便于发号施令。有人推测,过去杭州一带,曾经有老虎出没。《山海经·南次二经》也有记载："又东五百里，曰浮玉之山，北望具区,东望诸毗,有兽焉,其状如虎而牛尾。笞水出于其阴,北流注于具区。"这个区域正是以瑶山、反山等良渚文化遗址为中心的分布地带。

齐家文化

20世纪20年代初，瑞典人安特生在黄河上游地区进行调查和小规模发掘中，发现了甘肃广河县的齐家坪遗址。后来，裴文中通过对渭河上游以及河西走廊一带的考古调查，又连续发现了几十处与齐家坪遗址相类似的遗存，并最先称之为齐家文化。现在知道，齐家文化分布与马家窑文化大体一致，亦基本以黄河上游地区为中心，其绝对年代大约在公元前2000年。

该文化的聚落多选择在河边阶地上，居住生活区与墓地往往相去不远。不像现在的人，两个世界隔着阴阳。普遍认为齐家文化的陶器相当粗糙，胎壁较厚，想当初当地的先民们就是用这样的器皿吃拉面或者泡馍。石器多为劳动工具，玉器材料也多产自当地，玉质一般（多碧玉，白玉多带糖色），器型很大，而且不管是玉璧还是玉琮，基本上都没有刻工。但他们的冶铜技术水平极高，齐家坪遗址出土的铜斧为空首斧，显然是用合范浇铸成的。曾经见过齐家文化的一件兽面纹嵌绿松石铜牌，被上面流畅的金属线条折服。印象中除了西藏外，只有齐家文化大量使用绿松石。但我觉得用绿松石制作面具的效果并不好，乍一看还以为脸上打了马赛克。这可能因为是绿松石深浅不一造成的，当时的人还不会在绿松石上沁胶、染色，更没掌握人工合成的技术。其实松石面具不独为齐家文化所有，河南偃师二里头墓葬就出土过3件兽面纹嵌绿松石铜牌饰。它们跟我看到过的那件类似，高约15厘米，宽约9厘米，厚仅0.25厘米。3件面具造型也基本相同，发现时均置于墓主人胸前位置。铜牌四端边缘各有一个穿孔，便于穿系佩戴。类似的铜牌至少还有7件，可惜早年已流失海外。有迹象表明，铜牌饰背面有麻布痕迹或丝织物痕迹，推测牌饰开始覆于死者面部，可能由于某次地震而滑至胸部。我认为还有一种可能，就是死者嫌憋闷，自己把面具摘下来了。因为就算是经历过地震，几件面具不可能都齐刷刷地滑到胸前。

有人考据偃师二里头墓葬为夏代，铜牌上的兽面纹饰应该是熊。《史记·五帝记》之《集解》中说，黄帝称有熊氏。屈原《天文》也有"焉有虬龙，负熊以游"之问，说的正是龙蛇与熊罴并为一族氏图腾之事。《诗经·小雅·斯干》中"大人占之，维熊维罴，男子之祥"表达的也是类似的意思。

几乎在同一个时期，古埃及人和古波斯人对绿松石也情有独钟。

在考古界,安特生绝对是一个富有争议的人物,他认为齐家文化在仰韶文化之先,以及单色陶先于彩色陶的观点饱受质疑。他早年学的是地质专业(毕竟不能等同于考古),曾经先后两次参加南极考察活动,1914年受聘任中国北洋政府农商部矿政顾问,在中国从事地质调查和古生物化石采集,是最早在中国从事田野考古的。在对甘肃、青海进行考古调查之前,他就已经发掘了河南省渑池县仰韶村遗址,从而发现了仰韶文化。此外,他还对周口店进行过调查。著有《中国远古之文化》《黄河的儿女——中国史前史研究》等。前者文物出版社出版了中译本,后面一本不知有没有翻译过来,不过,在孔夫子旧书网有一册1934年伦敦Kegan Paul出的英文版。

安特生于1960年10月27日逝世,这一天正好是我出生半个月后。

古人的表情

镶嵌贝壳的面具,这种方法,在齐家文化中十分普通。

龙山文化

说到龙山文化,首先想到的不是面具,而是蛋壳黑陶,这种黑陶在很多文玩市场不难见到。不过,它们表层的黑色不是烧出来的,而是用皮鞋油刷上去的。而且还不是好皮鞋油,一蹭就能蹭掉。所以,想要看到真的东西,只能去博物馆。

蛋壳黑陶的要点不在于黑、光、亮,在于殷商文化就是建筑在黑陶文化之上。因为,这些娇贵的黑陶显然不是日用品,那么薄的陶器,当作酒杯或者饭碗,哪儿能保存到现在,恐怕早就碎没影了。它们只能是礼器,是商周青铜礼器的早期表现形式。所以,这种里外透黑、薄厚均匀、器型精致、胎质坚硬的陶器刚一出土,就把人们征服了。梁思永给了它很高的评价,说其轻巧、精雅、清纯之处,也只有宋代最优良的瓷器可以与它媲美。

除了黑陶,龙山文化最可注意之实物为占卜用的骨头。据考是牛和鹿的肩胛骨,被李济先生称之为与殷商文化最亲切之联络。而在两城镇发现的刻有饕餮纹的玉斧,更是为寻找商文化的东方因素增添了新的内容。

在器物形制方面,发现过某些冶铸技术可能间接证明同期存在的证据,有人怀疑龙山文化虽然属于新石器晚期,却已经提前进入了青铜时代(也称金石并用时代)。总之,龙山文化的发达令人难以想象。关于它的来龙去脉的各种说法也多。主要观点是,河南龙山文化和陕西龙山文化都承袭了仰韶文化,而山东龙山文化是直接从大汶口文化发展起来的。

1931年在发掘安阳小屯村遗址的时候,发现这是一处仰韶、龙山和殷代三个文化重叠的遗迹,地层堆积的顺序是仰韶、龙山和殷代,而仰韶是在最下层。对龙山文化来说,由于庙底沟二期文化的确立,龙山文化是由仰韶文化发展而来的观点,遂被考古界普遍接受。

山东的龙山文化是从大汶口文化发展而来,证据是大汶口文化墓葬习惯用猪头或猪的下颌骨做随葬品。另外,墓中还有獐牙。獐是一种类似鹿或者麝的动物,只有雄獐才有獠牙。獐牙多握在死者手里,其作用相当于汉代的玉猪握。这一特点在山东龙山文化的部分墓葬中仍然存在,三里河(不是北京那个)遗址百余座龙山墓葬中有十多副人骨架附近放置有海螺或蛤蜊壳,也有手握獐牙或长条形蚌壳的。

从龙山文化的出土器物看,绝大多数是以生活类的陶器为主。

2.5% 为獐牙、其他兽牙和古簇。石器同样也只有 2.5%，而且多为石铲和石斧，面具几乎为零，难怪没有被重视。余下便是一些生产工具，如石纺轮等。但是，人们注意到，在三里河 203 号墓内还出土了一些玉器，有以鸟形、鸟头形、玉珠等相配合组成。

最有意思的是用猪头做陪葬品，有人认为，猪头起到的正是面具的作用。那么，龙山文化到底有没有面具呢？答案是当然有，而且其精美程度不在蛋壳黑陶之下，读一下孙机先生的《鸷鸟、神面与少昊》就知道了，我就不一一列举了。

龙山文化研究起自城子崖，是吴金鼎先生于 1930 年秋天（也有人说是 1928 年或 1929 年），在济南附近龙山镇城子崖进行田野考古时发掘的。据说他老人家（当时还很年轻）当时闲着没事，想出去溜达溜达。本来要去另一个地方，经过龙山镇就鬼使神差，停下来不想走了。城子崖从此闻名于天下。

龙山镇离济南不到 40 公里，我去济南无数次，怎么就没一次想起来去那儿看看。但是，即便去了又怎么样，这么长时间过去了，有价值的东西估计也被人挖得差不多了。不过有一点可以肯定，从城子崖遗址的发掘过程可以看出，大多数文化遗址的发掘都充满了偶然性，而遗址的命名更是随意（就如同父母给孩子起名字）。不过也没关系，可能刚开始觉得别扭，叫着叫着就叫开了。

古人的表情

太阳神，龙山文化。头上的尖顶象征火焰（余下的就不知道了）。

馋虫及鱼凫

1986年7月的一天，四川广汉市南兴镇三星村一家砖厂的工人正在挖土，当时天气闷热，工人们没干多久便汗如雨下。当他们一锄头下去，非但没挖到土，反而听到"当"的一声，举世震惊的三星堆遗址就这么被发现了（可能还伴随着电闪雷鸣）。7月至9月间，人们在一号祭坑和二号祭坑内发掘出了金器、玉石、青铜器、象牙等将近7000件文物，其中就包括青铜面具（人面和兽面）。它们叠放整齐，如同世界上的其他神祇一样，每件都饱受了人世间的烟熏火燎。

其中人面具又分两类，一类是脸壳式面具，造型外凸内凹，器壁较薄，形状与真人面孔相仿佛或略大于真人面孔。这类面具都有穿孔，可以佩挂于人的面孔上。另一类为人头状面具，头像有大有小，从20多厘米到40厘米不等。这些头像都制作成空筒状，头部有冠饰，形状不一。有的冠上饰以翼翅，有的为平顶冠；无冠饰的头像，则以发辫盘于头上，或在脑后饰蝴蝶型花笄。所有这些头像均在颈下端前后位置铸成倒三角形。这种面具不能佩挂于面孔上，而是戴在或者顶在头上，并用某种方法束缚加以固定。

这些面具的神态和特征也各有不同，有的眉阔大眼，表情凝重；有的长耳招风，眼珠突出如柱；有的大嘴咧至耳根，双眼微闭，神态安详。无论表情如何，它们个个来路不明。有人觉得它们多少具有印欧人的特征，还有人认为眼球突出者，就是蚕丛的形象。《华阳国志·蜀志》记载：有蜀侯蚕丛，其纵目。自打三星堆被发掘以后，这句话被无数次引用。

对纵目还有另外一种解释，认为吊眼就是纵目，未必一定要凸出来。纵与横相对，所谓东西曰衡，南北曰纵。认为纵目是指三星堆铜面具那种螃蟹眼睛，这大概是受了《山海经·大荒北经》人面蛇身烛龙"直目正乘"。晋朝人郭璞注："直目"为"目从"的影响。不过，郭璞未详"正乘"，也不能理解为其眼珠凸出来如蟹目的意思。

蚕丛及鱼凫都是蜀人的祖先，蚕丛东北人容易读成馋虫，喜欢教人打鱼。鱼凫是蚕丛的孙子，喜欢教别人栽种柳树。我觉得这祖孙俩太逗了，教给别人的都不是自己的长项。按理说，蚕丛应该教人种树才对，而且种的是桑树；而鱼凫才应该负责教人打鱼。但古人忌讳桑字，所以中国养蚕的桑树都是野生的。

关于纵目，不光是三星堆文化才有，列维－斯特劳斯（不是劳斯莱斯）在他的《面具之道》一书中有如下描述：

皂诺克瓦不是眼窝塌陷，就是半睁半闭，这是因为她永远被耀眼的光芒晃得睁不开眼睛。

与之相反，斯瓦赫威的眼球突出：这种解剖学体征说明，它不会被照得睁不开眼睛。因此，斯瓦赫威面具的圆柱形眼球代表着一种不受任何干扰的目力，虽然这个说法还有待证实。看来，在整个北美地区的神话和仪式上，圆柱形扮演的角色在于把握和固定相距遥远的事物，并使之产生直接的沟通。

按照特林吉特神话，骗人的天神乌鸦在离开印第安人之前警告说，待它返回大地时，任何人都不能用肉眼直视它，否则就会化成石头。所以，人们只能透过一个用烂菜叶子卷成的筒去看它。因此，当拉贝胡兹的船队于1786年驶近海岸时，附近的特林吉特人曾经误以为这群巨鸟是乌鸦以及扈从，因为那些船帆宛如鸟的翅膀。于是，他们赶忙制造出一些奇怪的望远镜。他们以为，突出的眼珠可以使目力大增，因而能够为他们定睛观望眼前的壮观景象壮胆。

阿拉斯加北部的爱斯基摩人以及地居偏东部的所谓"属铜的"爱斯基摩人均与德内人为邻。他们把暴突眼珠跟目光犀利联系起来，或者将其看成是在黑暗中费力眺望的结果。

我觉得斯特劳斯上述这段话，对我们理解三星堆无疑有一定的帮助。照此说来，如果我没理解错的话，三星堆人是自带望远镜来到这个世界上的。但一定要搞清楚顺序，先有的蚕丛及鱼凫，后有的三星堆文化，最后才有的马云什么的。

关于三星堆的年代，1号坑属于商代中期稍晚，2号坑相当于商代晚期。值得注意的是，殷商玉器中也发现了一件三星堆头像，不仅头上和颈部都有两条凹槽型装饰，还有标志性的凸出的鼻梁和水滴形大眼。后面有穿孔，可以用来佩系。有人从这件器物上，看到了三星堆文明和中原殷商文明的相互交融与影响。类似的洞见，恐怕也只有通过望远镜或者纵目才可以看到。

一颗棋子,从三星堆文化
走到今天。

母系氏族

跟图腾一样饱受争议的还有母系氏族社会。有一回吃饭,说到牛河梁出土的那件红山文化女神雕像,狗子认为所谓的母系氏族社会根本不存在。当时我比较诧异,因为这种说法我还是头一回听到,相信狗子也是在什么地方道听途说的。

后来我查找了一些资料,觉得母系氏族社会(或公社)的定义,其实挺符合狗子的理想的,比如女子在生产中起主要作用,她们是农业劳动、管理住所、保护火种和抚育子女等活动的承担者。还有,世系按母系血缘计算,在族外婚制下,"父亲"是母亲氏族以外的人。在母系氏族内部,不存在父子关系。再比如实行母方居住制,男女婚媾地点及其子女的居处必须在女方氏族内等。

当然,也有人跟狗子持同样的观点。他们主要认为,所谓母系氏族社会,是一个从根本结构上就错误的"社会发展史",其中代表作为摩尔根的《古代社会》。这本书我很小的时候就读过,如果狗子他们的观点成立的话,那就有必要清理一下余毒。同时还要补课,比如研究一下上古时期人类之间的无性繁殖之类的。

奇怪的是,那天吃饭大家都带着老婆,这种现象以前很少出现。狗子的前前女友也带着8岁大的女儿来了。她说她跟狗子在一起的时候,连方便面都不会做,现在作为两个孩子的母亲,承担着家里的主要家务,煎炒烹炸样样精通。

从考古学文化划分,母系氏族公社产生于旧石器时代晚期,发展于新石器时代早期,至新石器时代中期进入繁荣阶段,仰韶文化和河姆渡文化是中国母系氏族公社的代表。一些重要的考古发掘,似乎也能支撑这样的说法。

1983年5月,因河北滦平县金沟屯镇西村砖厂用推土机取土,挖出一批新石器时期的女性雕像,后来,滦平县博物馆又先后收集到后台子遗址出土的石雕人像8件,其中归属下层遗存的共有7件,除1件为猴头形人兽合一雕像外,其余均为裸体孕妇像,多用辉长岩或辉绿岩雕琢而成。体型稍大的3件,均作凸乳鼓腹、双臂屈肘抱腹、双腿屈膝蹲踞状,其头长约占通高三分之一强,双耳外凸,眉峰与鼻梁隆起眼眶稍凹,眼睛与嘴巴刻出阴线,石像下端收缩成圆锥形。体型稍小者,双臂抚膝,阴部刻出竖沟。此外,头部残缺的石雕像,座呈圆柱形,通座残高20厘米,乳房鼓起,双臂上下交错抚腹,颈后刻出一截发辫,髋部硕大,阴部张开，着意表现孕妇临产时的姿态。

之前，被学术界广泛承认的史前女性雕像实例，正式公布的主要有辽宁喀左东山嘴红山文化祭祀遗址1979年出土的两件陶塑裸体孕妇像及大型女坐像；孕妇像残高分别为5厘米、5.8厘米，头及右臂均残缺，腹部突起，臀部肥大，左臂曲，左手贴于上腹，有表现阴部的记号；另外，还有辽宁建平牛河梁红山文化女神庙遗址于1983年发现的大型泥塑女神头像以及众多躯体残块；陕西扶风案板遗址1991年冬出土的仰韶文化晚期陶塑裸体孕妇像，头部及四肢残缺，仅存躯干部分，残高6.8厘米，乳房饱满，腹部隆起，腰部曲线优美，体态丰腴，孕妇特征一目了然。

从20世纪初开始，在欧洲、西亚等地，也有许多重要的发现。其中，属旧石器时代后期阶段的奥瑞纳文化遗物的年代最早，距今约3万至2.5万年，最著名的包括奥地利瓦豪伟伦多府1908年发掘出土的，用幼石灰岩雕刻的圆雕女性雕像，法国雷斯匹格出土的用象牙雕刻而成的女性裸体像，法国罗塞尔出土的用石灰岩雕刻而成的手持角杯的女性裸体浮雕。

但是，所有这些雕像尽管精美绝伦，确实不能构成母系氏族社会这样一个证据链条。而且，想要从零星的考古发掘中证实一个氏族社会的存在，确实存在相当难度，几乎是个不可能完成的任务。

人说山西好风光

五月初去太原,在山西博物院看到 4 件 1974 年在山西闻喜县上郭村出土的兽面纹玉饰,1 件在侯马铸铜遗址出土的陶质饕餮纹模,1 件新石器时期的玉神面。玉神面于 2002 年在襄汾陶寺遗址出土,高 3.5 厘米,宽 6.3 厘米,扁平体,整体大致呈倒三角形,系一抽象的神人形象。顶部轮廓戴有冠,两侧伸出并上弯,似一种翼状的发式。双眼镂空,似半睁半合,下部三角处钻圆孔一个,似神人之嘴,又可以作为一个穿孔。玉质润泽,造型凝练,神态安详神秘,应是祭祀神的礼器。体现了墓主人尊贵的身份。考古队在陶寺文化晚期地层中,还揭露出一座由 11 个不同截面的夯土柱基础排列成圆弧形状的组合建筑遗址,其布局与形制特殊,前所未见。对于其功能性质,部分学者认为,这是一座具备授时功能的古代观象台。根据模拟复原观测,在圆弧半径

10.5 米的圆心位置上，可以看到太阳从塔尔山特定的峰峦间升起，阳光直射到特定的柱间缝隙，从而确定一年中某些特定的时日（如春分、秋分、夏至、冬至）。如果这样的结论最终被确定，那么这就应当是《尚书·尧典》中天文知识体系的真实历史背景，就可能是中国二十四节气形成的重要源头。还有学者认为，建筑可能与祭祀有关。

博物馆的讲解员在现场给我们做了模拟演示，我觉得在这样一种地方出土玉神面，绝非偶然。建筑的功能，不管是观测天象还是祭祀，也绝不应该对立或者分开。

说到陶寺遗址，它是迄今为止所发现的史前最大的城址，位于山西省襄汾县陶寺村南，面积300余万平方米。陶寺遗址被分为早中晚三个时期，而其中早期和中期的年代分别为距今4300年和4000年，属于夏代之前的尧舜时期。

展品中还有一件西周缀玉覆面，山西曲沃北赵村晋侯墓地92号墓出土，由23块各色玉片缀在帛上，有纹饰的一面朝下，覆盖于晋侯夫人面部。这件缀玉覆面广为人知，在很多考古文章或者书籍中出现。

其实，1992年晋侯墓地31号墓还出土过一套缀玉覆面，大致由80块玉块组成，墓主人为晋献侯夫人。此外，1993年曲沃北赵村晋侯墓地62号墓出土一套缀玉覆面，更为精美，它由48件形制各异的玉片组成，除周边一圈带平齿的梯形缀片外，皆雕刻有纹饰。眉、眼以碧玉制作，玉质上乘。墓主人为晋穆侯夫人。

这两套缀玉覆面都不在陈列中，可能是馆方舍不得拿出来，也可能借到其他地方展览去了。

关于晋国的由来，说的是周武王死的时候，成王年纪还小，周公摄政。一天，成王与其弟叔虞游戏，将一片桐叶封给叔虞，周公知道后便对成王说：君无戏言。等成王和叔虞长大，周公以及太史便让成王将唐地封给了叔虞，称作唐叔虞，古音"桐"与"唐"相同，这大概是以桐叶封唐的原因（由此可见，天子送人一片树叶也要小心谨慎）。叔虞死后，他的儿子燮父（古人名字真怪，分不清到底谁是儿子谁是老子）继位，改称晋侯，并改唐国国号为晋国。

太原的晋祠，就是为纪念唐叔虞修建的。但晋国国都设在哪儿，一直存在争议。直到20世纪在曲沃和新绛地区的考古发现，相关争论才暂告平息。

山西曲沃埋葬着19位晋国的君主和他们的夫人，经过历时10年的发掘，出土了大量玉器，从西周到春秋早期，形成了非常完整的系列。奇怪的是，在众多出土玉器中，居然有一件石家河文化的神人头像，它高7厘米，宽4.5厘米，于曲沃羊舌村晋侯墓地1号墓出土。1号墓的主人被认为是著名的春秋霸主晋文公，即公子重耳（也有人认为不是）。

西周墓里怎么会出现新石器时代的玉器呢，其实也不奇怪，妇好墓不是还出土过红山文化的玉器吗？问题出现在人们对这种现象的理解上，通常的解释是这些早期的玉器是作为战利品或者收藏品跟随墓主人一块儿下葬的,我认为问题没有这般简单,这几个不同时期的器物(特别是礼器)间,一定存在文化上的关联。

在山西博物院的馆藏中,有一具尸骸,是在临汾市尧都区尧庙镇下靳村 76 号墓发掘的,墓主人为年龄 30 多岁的老年女性(解说词如此)。下靳村墓地所处阶段与陶寺遗址早期相接近,而且在陶寺文化遗址分布区内。有意思的是,墓主人不但右手腕上戴有绿松石饰品,而且在下葬时脸上还洒满花瓣,由此可见,当时的人已经对死亡有了超自然的认识,这些花瓣也可视为最早的面具形式。遗憾的是,我当时突然走神,忘了打听这些花瓣是什么花,以及是如何在四千多年后被考据出来的。

小河公主

首都博物馆 5 月举办了一个近 20 年的考古成果展,展品中有一件木雕人面像,还有一顶用灰白色羊毛毡制成的毡帽,帽子一侧插着两根羽毛,缀着伶鼬毛皮(伶鼬又叫银鼠,皮毛珍贵)。商周时期新疆地区无论男女都喜欢戴插有羽毛的帽子,而这件帽子,就是从罗布泊若羌县小河墓地出土的。

小河墓地位于罗布泊地区孔雀河下游河谷南约 60 公里的罗布沙漠中,小河以东 175 公里就是著名的楼兰遗址,有墓葬约 330 个。新疆考古专家对大部分墓葬进行了发掘,发掘出服饰保存完好的干尸 15 具,还发现了最小的婴儿墓葬。此外,考古人员还发现了木箭、冥弓、涂红牛头、木雕人像以及几件木头尸体。前面说的木雕人像应该就在其中,它比一个成年人的拳头略小,面部涂红,嘴部镶着牙齿,高大的鼻子突出了当时小河墓葬人群的面孔特征。尤其引人注目的是，它的鼻梁上贴有七道细毛绳。

通过考古学家在小河墓地的考察，小河墓地的文化氛围与"七"密切相关，墓地上竖立的木柱底部，红色涂染的部分，用黑色描画着七圈横纹，墓地附近的"太阳墓"有七圈木桩。可见，这件人面像的七道毛线也代表着特有的文化意识。

但最为轰动的是发掘出一具据认为是欧罗巴人种的女性干尸。她面带微笑，双目微合，长着很长的睫毛，毛发呈棕灰色，躺在胡杨木挖空制成的棺木中，身上裹着羊皮、牛皮和纺织品，没有做任何人工的防腐处理。研究表明，这位小河公主的尸体之所以保存完好，是由于干燥炎热的沙漠气候。此外，在她身上发现有乳制品的使用痕迹，考古学家推测，这位小河公主不但平时食用乳制品，而且还用乳制品保养皮肤。

据说早在 3600 年前，小河古人就已经会制作奶酪。小河古人用开菲尔乳酸菌和酵母菌等共同发酵牛奶，将其制成一种特别的发酵乳，再经过一定程度的脱脂处理和乳清分离，最后制成了奶酪。这种奶酪乳糖含量很低，保质期长，便于携带，特别适合游牧生活（另外他们还用牛的心脏制作画笔，人像、牛头和木桩子上的红色，很有可能就是用牛心脏和牛血涂红的）。但我最感兴趣的是她头上戴的毡帽，我把首都博物馆展出的那件跟发掘出的小河公主照片做了比较，发现它们的的确确就是同一件。

小河墓地于 20 世纪初由罗布猎人奥尔德克首次发现。1934 年，瑞典考古学者沃尔克·贝格曼 (F.Bergnm) 在小河墓地发现了他认为世界上保存最完好的木乃伊，这些木乃伊通过鉴定被认为是印欧人种。1939年他在斯德哥尔摩发表《新疆考古研究》一书，对他在小河流域考古调查及发掘进行了详细的介绍。小河墓地宏大的规模（当时据说有棺木一千多具，现在绝大多数都找不到了，可能被流沙掩埋）、奇特的葬制（叠加埋葬，最多有五层，外加每个墓葬都要插一个木头桩子）以及所蕴含的丰富的罗布泊早期文明的信息，引起了世界各地学者的广泛关注。

《新疆考古研究》有中文版，译为《新疆考古记》，由新疆人民出版社1997年出版。很多旧书网上都能买到。

另外，小河墓地的人说的语言一直是个谜，梅尔博士认为可能是吐火罗语（Tokharian），印欧语系中的一个古老分支（这个梅尔博士是什么鸟）。塔里木盆地发现过用吐火罗语写的手稿，这种语言曾在公元500年到900年在该地区用过。小河墓地的人们生活在距吐火罗语最早记录的2000年前，但其中呈现出一种清楚的文化连续性。这种连续性体现在埋葬方式上（与帽子一齐埋葬），这个传统一直延续到公元后几个世纪。

树婴

在各式各样的面具中,有一种是婴儿面孔。有人猜测是婴儿玩具,我看未必。因为所谓婴儿自古就被认为是通灵的(连青蛙和人参都能变成精怪,婴儿为什么不能),这些面具具备与神人神兽面具一样的功能。

十多年前,刚养毛驴的时候,看过一部惊悚影片《树婴》。看了以后大为惊诧,因为那个树婴跟毛驴长得太像了。影片讲的是一对不孕的夫妇,渴望生育小孩(这一点也跟我和老鸭有几分相似)。丈夫为了安抚妻子,挖出一截稍具人形的树根权充婴儿,想不到那个树婴真的活了。这个嗷嗷待哺的婴儿有着惊人的胃口,而且没过多久,公寓里的访客与邻居相继失踪。从此,夫妇俩开始了惶恐不安的生活。

不光是在惊悚影片,即便在日常生活中,儿童也通常被视为古怪精灵，具有超自然的能力（或者异禀）。他们能够看到成年人看不到的事物，比如鬼魂之类的，所以他们会莫名其妙地哭闹不止。家长则完全不知道发生了什么，以为孩子是在无理取闹，会突然变得不耐烦，脾气暴躁的父母，还会趁机打孩子几下。孩子因而会哭闹得更厉害，一时间气场变得完全不对了，只有鬼魂在暗自发笑。但是随着年龄的增长，孩子看到鬼魂这种能力也就逐渐消失了，他们的眼睛变得跟成年人毫无差异，同时也就失去了灵性（写作除外）。

在《面具之道》一书中，作者给我们讲了这样一个故事：有一天，斯塔罗人有个小孩生了病，浑身肿胀。由于无法忍受痛苦，他决意自尽。在山中漫无目的地乱逛一阵以后，他走到一个湖旁跳了下去。他的身体跌落在水底的一座屋顶上。坠落声响惊动了屋里的人，他们请他进入屋内。我们的主人公首先看到一个怀抱婴儿的妇女，他朝那个婴儿吐了口痰，于是把疾病传染给了他。

屋子里住的都是些水下精怪，他们叫来巫师郎中，可是那人治不好婴儿的病。水怪们于是唤来始作俑者，因为他们认为此人拥有治疗疾病的魔法。主人公同意用精灵给自己治病的方法为受害者治疗，结果两人都治愈了。值得说明的是，那些水下精怪同样形同婴儿。

过了一段时间，主人公想回家。他被引领着穿过一条通往自由地带的地道，地道里充溢的大水在向导面前退落。而且他获得许诺，为了感激他治愈病婴，他会收到一件谢礼。那礼物是一副面具，描写得跟斯瓦赫威面具分毫不差。

这个故事有几个看点，首先不知道斯塔罗人这个小孩（故事中的主人公）岁数有多大，但至少不会太大，因为那个年代男人过了三十就算老头了。其次这个孩子真够讨厌的，自己得了病，竟然用吐痰这么恶心的方式，把病传染给年龄更小的婴儿。这说明这不是一般的孩子。第三，那些水怪的表现，完全可以说是宽宏大量，斯塔罗人的孩子把病传染给他们的婴儿，他们非但没怪罪也没报复，反而奖励给他珍贵的面具。如此敞亮，只有水怪和东北人能够做到。

最后，这个面具具体什么样子我们不得而知，但一定跟这个故事是相关的。

通灵人和降神者

曾经见到一件岫岩玉面具，20多厘米高，与人面大小相似，双目圆睁，吐着舌头，背面为内凹型，并且刻着几行梵文。这件面具十分特殊，表面看来自西藏，但一看就是红山文化的。仔细研究铭文，发现镌刻的时间也就二三百年，而这件面具的制作时间至少有四五千年的历史了，边缘部分已经呈鸡骨白。刻在背面的梵文，也许并不是有人刻意造假。如果真是这样的话，这件面具很有可能成为红山文化流入西藏的物证，进而从一个侧面说明萨满教对西藏佛教的影响。可惜我不会梵文，不知道那几行文字的内容，据说跟西藏的招魂仪式有关。究竟如何，只有等翻译完再说了。

西藏有形形色色的面具，从怖畏金刚到蓝脸护法、红脸护法，以及鹿舞面具、龙头面具、大鹏金翅鸟面具、藏戏面具等。其中蓝脸护法和红脸护法属愤怒相面具,主要是指藏传佛教面具中的各类护法面具。这些面具几乎都具有恐怖、狰狞、怪诞的外表。佛教经典《造像量度经》如此描述:"面形男方女圆、三目大睁、红且圆、颦蹙二眉、发眉须胡皆赤黄色、炽燃作火焰状,张口龇牙而卷舌、五骷骨为冠。"如萨迦教派的创始者、萨迦昆氏家族所供奉的三尊护法主神之一"宝帐怙主"为黑脸愤怒相,以五骷髅为冠,巨齿獠牙、嘴唇血红,其形象不仅为寺庙供养,而且被制成一米多高的巨型面具,成为萨迦宗教大法会羌姆神舞表演中的主要登场角色。

羌姆的意思是跳神。

但最可怕的是尸陀林主面具。尸陀林主又称墓葬主、尸林怙主,通常是以男女两尊出现,是两具没有血肉的人体骨架,全身白色,一面二臂。右手高举人头骨棒,左手承托着盛满鲜血的颅器,分别踏立在莲花日月轮垫上的海螺和贝壳上面,做舞姿状。

大鹏金翅鸟为印度古代神话中一种类似鹰鹫的大鸟,性情猛烈,曾为毗湿奴天的骑乘,又作迦楼罗鸟、揭路荼鸟,意思是食吐悲苦声。在藏传佛教中,大鹏金翅鸟是殊胜的本尊之一,是一切智慧愤怒的部主,喜欢吃各种蛇。

龙在佛教里的地位属于护法神一类。龙的观念主要是从佛经里来的,天龙八部泛指护法,龙神为八部上首。

据载,公元8世纪末,堪布寂护、莲花生、法王赤松德赞派使者在萨霍尔迎请达巴拉王时,同时还迎请到天然长成的绿松石释迦牟尼佛像、水晶狮子坐骑以及用犀牛皮做成的神像面具，供奉于桑耶寺。据史料记载，现供奉于萨迦寺的"会飞的黑色依怙面具"是由一位印度祖师作为吐蕃的加持神赠给大译师仁钦桑布的，后来又转给萨迦五祖中的贡嘎宁布，而成为萨迦教派备受尊崇供奉的天神，也是萨迦羌姆（具体）面具的主要形象之一。这也是有史记载的900年前引入的域外面具。证明藏传面具一开始就受到印度、尼泊尔和汉地文化的影响。

藏传佛教后期，阿里古格王意希沃、降曲沃二人创建托林寺，从印度梵文中翻译了许多佛教密宗经典。同时，大译师仁钦桑布又进一步丰富了羌姆金刚舞种的内容和形式。这一时期，萨迦派、噶举派、宁玛派、苯教（包括所有佛教化的苯教寺庙）等教派也都按各自的教义创立了不少舞种，并盛行跳羌姆。格鲁派跳羌姆则始于1645年，在扎什伦布寺由四世班禅洛桑曲吉坚赞主持。到了七世达赖喇嘛格桑嘉措时，则在布达拉宫的广场举行，后发展到全藏格鲁派大小寺院，盛况空前。

总的来说，西藏面具是藏传佛教与苯教相结合的产物，其间充斥着神灵和鬼怪，以及通灵人和降神者。研究西藏民间宗教的意大利学者图齐（G.Tucci）在其著作中写道："藏族人的生活在某种意义上是沉浸在一个多种奥义的社会中，它使一切表面现象都充满神圣性。邪恶神灵完成了其无限的显现，我们可以把这些显现分成大类和小类。西藏人可以自由地回击看不见的却是不可置疑地存在的天神，而且是以独特的方式和根据其个人的愿望进行的。寺院喇嘛很少反对把土著宗教习惯与金刚乘经文传入吐蕃的秘密感受结合起来的做法,这种结合虽是大胆的,但却巧妙地完成了。"

天堂之泪

世界上很多地方都有骷髅崇拜,有人认为这是祖先崇拜,我认为这是死亡崇拜之一种。其实这两者并不矛盾,因为咱们的祖先早就变成骷髅(或累累白骨)了。乌苏里江流域就曾经发现一些传世玉骷髅,东北三江流域还发现传世骷髅神偶以及神偶岩画。其中有一种卷蛇形螺旋纹骷髅岩画,骷髅的大半个脸是用双卷蛇形螺旋纹表示。两个蛇头卷曲成两个大孔洞,各以骷髅双眼为轴心螺旋,蛇尾内曲成弧形在下沿处交会。还有另外一种蛇头形回旋纹人假脸岩画。两眼用蛇头形回旋纹表示,以蛇头为人脸,蛇尾上吊成眼梢,缠绕至脑后。假脸右侧与下方背后放着光芒。岩画位于饶力河与乌苏里江汇合处下游 20 公里,据测距今有 5000—6000 年。

崇拜祖先比较好理解,可是为什么要崇拜死亡呢?因为死亡牛啊,这很像狗子说的话,恰好也是狗子最喜欢谈论的话题。这些后面再说。

虽然这些年经历过形形色色的死亡,但是我仍然说难以给死亡一个明确的概念,我认为它既是事实,也是现实中被我们有意屏蔽掉的那部分,似乎它属于另外一个时空。现在的中国人跟古代中国人对待死亡的差异就在这儿,概括说就是古人认为死是生的一部分,而现在人则是把两者对立、分开。截然不同的看法,让我更加坚定地相信,古代中国人和现代的中国人完全是两个不同的人种。

几年以前,我曾经对死亡的昆虫产生过兴趣,我拍摄过很多死去的昆虫,从杨腊子到蝴蝶、蜻蜓,从蚂蚱到螳螂,此外还有蟑螂和花腿蚊子。在我的眼中,它们构成了一个另类的昆虫世界。它们有的是在过马路时被轧死或被踩死的,还有的可能是因为做爱过程中被对方吃掉没吃干净,或者因为拉不出屎。每张照片都有拍摄时间,以便跟我当天的日记对应。后来拍着拍着我就不拍了,可能是因为我手机和相机丢了几次,也可能是因为我觉得这些照片过于审美了,不管死因如何,这些昆虫死得是那样安静,安静得让我无话可说。

在梦里无数次梦见自己的死亡,溺水、触电、中枪、从山崖上坠落。

我还会经常梦见鬼魂,大概一两个月一次。他们一般都是夜间在我睡觉的时候从窗户进来,或者长时间站在卧室门口。大多数情况下，我都会跟他们打斗，不是你死就是我活，直到精疲力竭。还有一个反复出现的情景，就是我在路上走着走着，会突然出现一支送葬的队伍，他们抬着巨大的棺材，一路撒着纸钱、吹吹打打，我被他们裹挟其中，他们却视我若无物，浩浩荡荡地去了。开始以为梦见鬼魂很正常，但是跟别人讲时，大多数人都很诧异，因为他们从来都没做过鬼梦。

有一段时间，情况愈加严重，不光是做梦。最近出现的怪事是在家里光着膀子看电视，就会感觉到有水滴在肩膀上，再一摸肩膀是干的。这种现象发生过不止一次，是鬼魂在怜悯我吗？抑或是天堂之泪也说不定。

我把这种情况跟老唐说了，他建议练一种什么宗或者功（具体叫法我给忘了），修出来不但不会再做鬼梦了，而且会特别牛。老唐强调这种宗很难修，而且修不出来就惨了，轻则走火入魔，重则还是不说的好。我仔细想过，最后决定还是算了，让我继续跟鬼魂为伍吧。

说回到骷髅，我家里就有几件，各种年代和材质的。这让老鸭找到了口实，她说我家里摆放的东西中，有些是从墓里挖出来的，阴气太重，凭我的功力，压根儿镇不住。确实，很多人在家里只摆放传世古董。所谓传世，是指那些没入过土的。更多的人根本不喜欢老东西，不管入没入过土，感觉上总觉得膈应。但是也有一种说法，埋在土里的陪葬品超过多少年就没事儿了，摆在家里反而能镇宅。

古人的表情

带肉的骷髅。

夏家店

这件黄玉面具不大,颜色偏绿,是一件夏家店文化的挂饰。雕的大概是一个神人,没戴帽子,眼睛和眉毛都竖着,像个赳赳武士。他的嘴唇中间有一个圆形小孔,但没有钻透(只是意思一下),这种手法在其他神人面饰上也看到过。就如同一个人欲言又止。

资料显示,夏家店下层文化距今约 4100 年至 3500 年,相当于中原夏到早商时期,分布范围北到西拉木伦河,南抵永定河,中心范围在燕山北侧。该文化拥有呈立体分布的城堡群、彩绘陶器、仿铜陶礼器及成组玉器。资料特别强调,这说明了夏家店下层文化具有社会组织严密、文化特征明显、高度发展的社会群貌。

10 月去沈阳,专门去了辽博在浑南的新馆,主要目的就是想看看夏家店遗址都出土了哪些东西。展品中有一些从敖汉旗大甸子墓地、北票康家屯城址等地陆续出土的文物,除了石刀、石斧、石钺、石磨盘等,还有彩绘双腹罐、彩绘陶罍、彩绘陶鬲等彩绘陶器。彩绘陶器是夏家店下层文化最精彩的内涵之一,尤其是爵、盉等仿铜酒器与彩绘陶器共处,反映了夏家店下层文化与中原夏和早商文化的密切联系。展品中有两块卜骨,看来那个时候的人也相当迷信。但既然发现了脱壳用的石磨盘,说明他们的生活水平不低,至少知道稻米要去掉壳才能吃(筛不筛沙子就不一定了)。尤其是一些猪羊骨骼以及鹿和獐的角的发现,说明当时的居民除了农耕,还饲养家畜,并且狩猎。此外,展品中还有若干青铜器,比如铜镞、青铜刀、青铜环等,多数出自建平水泉遗址。水泉遗址位于建平县朱碌科镇水泉村东的一台地上,1976年开始发掘。

让我感到有些失望的是,在出土的众多青铜器中,没有看到青铜礼器和玉器,更没能看到我最想看的面具。展柜里倒是有一件兽面形玉牌饰,一件双人首三孔玉梳背饰,以及一件陶塑人像面部,但都是牛河梁遗址出土的,跟夏家店没太大关系。

最值得一提的是展厅里有一处复原的发掘现场,几个真人大小的文物工作者,他们几乎清一色地穿着蓝色工作服,撅着屁股在一个墓葬里正挖着什么,这使得本来就相当昏暗的展厅里,平添了一丝诡异。印象中基本上每家博物馆展厅的黑暗深处,都有一个类似的复原考古发掘现场,冷不丁让人以为这几个家伙是在盗墓。

夏家店上层文化,顾名思义,就是在夏家店下层文化的上面

（就像是楼上楼下），越是在上面的，在时间上离现在越近。夏家店上层文化大约始于公元前8世纪，距今将近3000年。这个时期的制陶技术明显纯熟，其他器物的表现更加出众。还常有青铜戈、矛、短剑，以及青铜牌饰在墓葬中被发现，被视为青铜时代晚期(相当于中原西周到春秋早期)。据说夏家店文化的发现意义，就在于证实了内蒙古一带的青铜文化不是外来的。在我看来，这正好说明了夏家店出土的青铜器质量粗糙的原因。

这些在红山原址上的发现最初被称为赤峰红山后，尹达先生后来又进一步指出，那些彩绘的陶器和磨制平整的石器，大多是受了长城以南的仰韶文化的影响（见《新石器时代》，尹达著，生活·读书·新知三联书店）。

一直想去赤峰，看一看红山文化，尤其是去夏家店，看一看新石器文化是如何向青铜文化过渡的，在田埂漫步或者坐在小餐馆里喝酒时，还可以想象一下当时的人的生活场景。但是，在西直门北京北站乘坐绿皮火车，路上至少要八九个钟头。而北京到赤峰全程不过四百多公里，花这么长时间走着去也到了。几年前就说要修高铁，可是到现在还没动静，原因该不是害怕打扰长眠在地下的祖先吧。

古人的表情

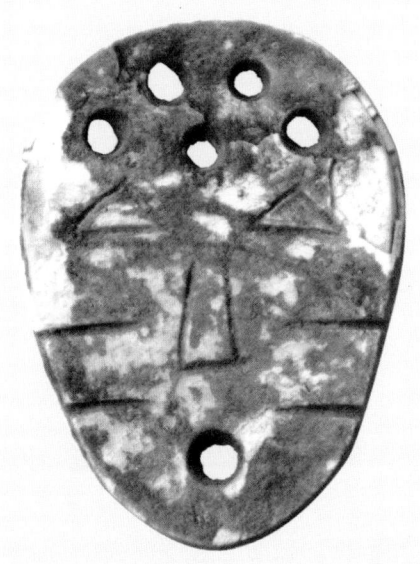

这件夏家店文化的面具,是用贝壳做的,由此可见夏家店曾经是一片海洋。地球上任何一个地方,都曾经是海洋。(不过蚌类很难保存,风一吹就会变成粉末。)

黄金面具

之前在一篇文章中写过,金属面具中除了青铜,还有金的和银的,最著名的是在通辽出土的契丹陈国公主墓中发现的那两件黄金覆面,从风格上看,应该是一男一女。辽金时期有太阳崇拜之说,黄金和白银的冶炼技术也日臻成熟,大多数金银面具都是锤揲而成。金面具和银丝网的使用,跟当时的葬俗葬制有关,据说是为了不使尸体在祭祀的过程中变形。

前段时间国博办了一个沙特阿拉伯的出土文物展,昨天(3月19日)是展览的最后一天,如果不去看,下一次不知道要等到猴年马月。吃过午饭,顶着漫天的雾霾,我从木樨地溜达到天安门。这也不算什么,我沿长安街走过的最远纪录是从木樨地走到建国门。

天安门安检极严,过地下通道需要安检,出了地下通道进到广场还需要安检，而且要排很长的队。这天是周日，天安门一带人山人海。我嫌拥挤，决定原路返回到大会堂西南角，试图从大会堂西边那条路绕过广场由国博南侧进入，这一绕又多走了3公里，其间又走了至少三四个地下通道。这段路程我估摸着相当于又多看了两个大型展览，这不由得令我心生愤恨，去国博看展览实在是太不方便了。就算坐出租车，也不能停在附近。

国博有两个入口，靠南边的那个是供老外、军人、残疾人等通行的，靠北边的那个入口可以凭二代居民身份证领票进入。两个入口都排着长队。我一看时间都下午3点了。唯一令人安慰的是沙特这个展不另外收费，以往在国博的外国展览都要另买门票。

展品中有一件黄金面具，不大，高顶多也就十来厘米，在不起眼的一个小格子里闪着柔和的光。这次展览的海报上印的就是这件面具，而我正是奔着这件面具来的。根据介绍，它在泰尔萨亚的泰伊出土，现藏于利雅得沙特国家博物馆。介绍文字中没有更多的信息，而是很抒情地引用了一段拜占庭历史学家福提乌斯的话，大意是：其他民族的繁荣皆远逊于赛伯伊和格拉，因为他们的仓库里装满了来自亚洲和欧洲的各种珍奇宝物，他们中的很多人似乎都拥有一种高贵的气质，与其他地区的富人之间存在着巨大的差异。

这就是阿拉伯文化，赤裸裸的炫富（很早他们就开采和使用石油了，有两盏石油灯为证）。我又仔细看了边上对格拉遗址的文字介绍：公元前4世纪，亚历山大大帝征服了美索不达米亚。

此后一直到公元3世纪的波斯萨珊王朝时期，这一地区都受到希腊文明的直接浸润。因为阿拉伯东北部一直没有发现大规模的希腊居住遗址，来自希腊的影响主要体现在黄金、珠宝、货币、雕像等财物的贸易往来方面。

从古代资料来看，格拉是希腊时期阿拉伯东北地区最富饶最重要的城市。在那里，商人们控制着来自美索不达米亚、安纳托利亚、波斯以及希腊的香料和其他重要的物资贸易。在由印度至中国和西方世界的贸易路线上，格拉还是重要的中途停靠点。

尽管格拉以其富饶而闻名于东方世界，但其确切的地理位置还有待研究。富有天然淡水的泰伊地区，很可能就是古代格拉所在地。泰伊地区的考古发掘表明，这是一处高度发达的古代城市。这里甚至发现了埋葬有黄金、珠宝的王室墓葬。未来的考古发掘也许能够揭开格拉城位置之谜。

公元3世纪是什么概念？大概相当于咱们的魏晋南北朝吧，当时虽说已经跟西亚和欧洲有了贸易，但黄金还没有被广泛使用。不像后来的唐代，给人黄金遍地的感觉。

说到古希腊黄金面具，很容易让人想到迈锡尼文明。当时的希腊人就很好地掌握了黄金加工工艺，黄金制品（包括面具和首饰）随处可见。据说当时的贵族就喜欢戴着黄金面具四处招摇，搞不好还经常撞到树上。这一撞可不得了，古希腊文明便由此迈入黑暗时期。但这不是问题的重点，我当时就想，古代沙特可以有古希腊人的金面具，我们的面具文化中，来自其他地区的文明的交汇点究竟在哪儿，直到现在，还没拔出一条清晰的脉络。不管是商业流通上的，还是其他什么方式。

展品中还有另外一件面具，在焦夫出土的，由火山岩制成，时期大概为公元1世纪。这时候中国进入汉代，面具文化（不包括民间）已经消亡，用于巫术或祭祀的面具几乎没有了，贵族用于丧葬的玉覆面已经被金缕玉衣取代。展品中还有一些石雕像和人形石碑，之前也见过一些形形色色的石雕像，但这些来自沙特的石雕像不管从造型上还是形体上都让我震撼，很多原来是立在神庙里的，从中可以看出古代沙特文化的多种渊源。有两件人形石碑被称作气息人，它们可能也是用于祭祀，但大多不是埋在土下，而是立在路边，跟我国内蒙古一带发现的石人十分相似。

留着胡子的祭司（胡子造型奇特，就像飞马的尾巴），但不是所有的祭司都会飞行。还有的祭司胡子呈柱状，很容易让人想起埃及的法老。

古人的表情

祭祀坑出土。

祭祀坑的面具，只用于专门用途。

灵魂的艺术

2013年6月至8月,法国凯·布朗利博物馆在国家博物馆举办了一次馆藏精品展览,展出了来自非洲、美洲、亚洲与大洋洲的约100张面具,其中大多数是木质的。这个展览我没去看,好在主办方出了一本名为《面具——灵魂的艺术》的画册(我在国博一层的书店看到的),让我们得以从中一窥究竟。

安马沙利克位于格陵兰岛的东海岸,这一地区的因纽特人面具,被当地人称为"可更换的面部",用作护身符和沟通灵魂世界的媒介。例如,为了抵御厄运、疾病和巫术的侵袭,人们往往使用一种内涵相当于"用面具罩住面部"的咒语。又如,为了与神灵发生联系,人们需要隐藏真实面目,这种身份的改变使神灵无法辨识自己。此类面具往往采用共有的造型,常常装饰着海豹皮或鸟羽毛,以强化动态效果。

美国和加拿大的奥内达加族有在典礼堂举办假面仪式的传统，这些面具由女性用玉米苞叶编成，由男性在祈求丰收的舞蹈中佩戴。这些仪式在冬季举行，用来向那些把玉米种子授给易洛魁人的神灵求助。神灵们居住在另一个世界，那里的四季与现世相反。他们与人类缔结盟约，教人类如何耕田狩猎。他们还有确保丰产的神力，尤其是他们治愈疾病的神力在假面仪式中显露无遗，戴假面者无须发出声响，只需简单地透过面具吐纳出神灵的气息，就可治愈病人。这种面具的造型相当程式化，仅口眼之处镂空，面具四周则装饰着用纤维编织的花冠。

一些面具具有实用功能，比如格陵兰岛有一种小型木质的护屋面具，用来保护屋子。人们把这些面具悬挂在一面墙上，外来者一看到这些面具就会丧失所有力量，从而消除潜在的敌意（听上去有些像有些民居门楣上的小镜子）。另外，科特迪瓦丹族面具中有一种赛跑面具，这种面具用于村落间男孩赛跑，赛跑可以检测男孩的身体素质。比赛中，覆面者在后面追赶他的竞争对手，胜者可以留下面具作为奖励。

书中还介绍了一件印度尼西亚爪哇岛的卡拉纳哇扬戏面具，这张面具背面留有一些字迹，暗示在剧中可能代表班基王子的情敌卡拉纳——另一位试图捕获赞德拉公主芳心的王子。此类面具往往以金牙、八字须，以及卷纹、螺旋纹和叶纹等精美的装饰纹样来彰显人物的贵族特权和高贵身份。而加里曼丹省有一种胡杜科面具，胡杜科是一种虚构的大耳、凸鼻怪兽，成型于加里曼丹岛的雅克族群。胡杜科面具的造型程式化，装饰有精致的蔓藤花纹。尽管兼具兽形与人形特征，人们往往更强调其凶残的兽性。事实上，胡杜科既代表恐惧，又寓意宁静，激起人们一种杂糅着敬意、愉悦以及畏惧的情感。

科特迪瓦古罗族的一件扎姆博面具上，展示的是一只猎豹的脸、羚羊的角、鳄鱼的牙齿与红舌头构成杂交动物。面具上的红白条纹及其间隙指示了这只野兽的年龄，每两条相邻的白色条纹代表五岁年龄，每两条相邻的红色条纹则指十岁年龄。扎姆博是扎欧利的妻子，其面具只属于特定的个人，持有者需遵守某些禁忌。在禁止女性在场的仪式中，扎姆博面具被用来督察巫师。

巴布亚新几内亚新爱尔兰岛的马朗根面具属于有主之物，这不止指面具的归属权，同样包括面具的式样、风格以及制作版权连带使用它的仪式一并被人拥有。这种所有权可以买卖转让，一旦交易发生，旧主人便不再拥有使用权，而是用新制作的面具来替代。因此，马朗根面具并非只是与逝者道别，也展示了生者的威望，即谁有能力完成这样一场事关声望的仪式。

马朗根面具可以代表死去的祖先，被称为格斯或马图阿的幽灵替身，也代表各种灌木精灵。格斯面具最惹眼的是聚焦的眼珠，仿佛观察者在任何角度都与面具产生直视。马图阿面具则涵盖了数张重叠、倒置的脸，由于其体形巨大，只能安置在屋前，供亲人祭拜。

还有很多其他有意思的面具，比如巴布亚新几内亚新不列颠岛拜宁族的卡瓦特面具，在制作过程中是严禁女人介入的。再比如马里的库诺面具的佩戴方式，是几乎水平地顶在额头，并且需要处于隐蔽状态，因为其具有破坏性的力量，族群要想获得它的庇护，就必须平息这种力量。另外还有科特迪瓦的西乌列双性面具，它代表一种介于生死两界的超自然之力，被称为"虞"，既恐怖又极度危险。它需要被非常小心地对待，例如不能被女性看到。如果部落因为丧事或其他扰乱打破宁静，它也只能在夜间的仪式上被请出以帮助恢复秩序。

　　还有一些面具就不在此一一列举了。总之，吸引我的是对这些面具绘声绘色、妙趣横生的描述，的确能让人感受到一种超自然的力量，完全不像咱们对面具的看法那般沉重。

西来的圣贤

陈星灿先生在其著作《中国史前考古学史研究 1895–1949》中，专门辟出一章，讲述中国文化西来说。按理说这个话题与面具无直接关系，但也不妨通过那个年代的外国学者对咱们祖先的描述，了解古代面具上那些稀奇古怪的相貌。

首先是埃及说。

早在 1654 年，德国耶稣会教士基尔什尔在《埃及谜解》一书中就曾论及。后在《中国图说》一书中又加以发挥。他认为中国文字类似于埃及的象形文字，所以认定汉民族的祖先为埃及人的一个支脉。他说"古代中国人既系埃及人之苗裔，故其书法亦一尊埃及之旧"。1716 年，法国阿夫郎什主教胡爱根据研究古代商业的结果，在文字之外，又考察风俗异同，也主张中国民族起源于埃及，说读史时不能不相信中国与印度两民族虽非全属埃及之苗裔,至少其大部分必属埃及人,其习惯与埃及人极其符合,信轮回之说,养黄牛之习,亦复相似。

然而,在中国影响最大的是巴比伦说。

1894年,英国伦敦大学教授拉克伯里在其著作《中国古代文明西源论》中力主中华民族来源于巴比伦。如他认为奈洪特(Nakhunte,又译奈亭台)在公元前2282年率巴克族东迁,这个东迁的酋长,以中国古史证之,即黄帝,东迁众人即中国的百姓。沙公(Sargon)即中国之神农。但克(Dunhit)据传说其人能造鸟兽形文字,所以被认为是仓颉。又据汉民族的文字,特别是卦象,类似巴比伦的楔形文字。两地一年分十二个月和四季的方法,定闰月的方法,金木水火土为五日积累法等有关历法的事象相类似等,作为旁证。

奈洪特、沙公、但克,都是一些我从来没听说过的名字。后来证实奈洪特其人并不存在,是拉克伯里在故纸堆里考据出来的。沙公在公元前2360年在美索不达米亚平原建立过阿加堤(Akkad)帝国,曾教其族人用火焰烧出各种痕迹作为记事之用。但如果跟台湾人提沙公,他们首先想到的,肯定是一种来自斯里兰卡的螃蟹(这不妨碍他每天靠吃螃蟹补充蛋白质)。至于但克,能造字其实不稀奇,据说把他当成仓颉,是由于他的名字的发音跟仓颉接近。但仓颉的长相但克不会不知道吧,仓颉重瞳,也就是说长着四个瞳仁,但克要模仿他还是存在一定的难度。

另外还有印度说。

法国人哥比诺 1853 年首倡中国文化来自印度。他说:"一切均足以证明《摩奴法典》所言之无误,而且因之足以证明中国文化实由印度英雄时代后一种民族——白色雅利安种之首陀罗人——传入之。而中国神话中之盘古实即此印度民族迁入中国河南之酋长,或诸酋长之一。或即白色人种之人格化;正与前此一群印度人之迁入尼罗河上游同。"

摩奴法典(梵 Mānava-dharma-śāstra, manu-smrti)是古代印度婆罗门教的经典,系以摩奴法经(梵 Mānava-dharma-sūtra)为基础所修补之法典。依据《吠陀经》与传统习惯而指定,又称《摩奴法论》。相传为"人类的始祖"摩奴所编,故名。实际上,是婆罗门教的祭司根据吠陀经与传统习惯而编成的。法典内容驳杂,大约编成于公元前 2 世纪—公元 2 世纪(一说为公元后的头几个世纪)。

还有中亚说。

19 世纪在中国从事过地质工作的李希霍芬曾力倡新疆的塔里木盆地是中国人的发祥地。另外,英国汉学家里格也主张中国人的祖先来自中亚。文化西来说在当时的中国颇有影响,就连一些中国学者也认为,巴克便是盘古的讹音,盘古便是移住中国的始祖。喀尔迪亚便是葛天氏。并引用《史记·封禅书》,指出太帝的存在,称之为太古,说它是喀尔迪亚的转音。

陈星灿指出,文化西来说本身虽然没有太多学术上的意义(那些西方学者手头缺少考古资料,因而多从文字入手),但实际上却刺激了中国史前考古学的诞生。到了 20 世纪初,随着众多的考古发现,这些学说在中国已经没有了市场。

但是,西方学者这些五花八门的观点,着实把我弄糊涂了,搞不明白咱们的庙堂内被祭祀了数千年的偶像,到底是何方神圣?希望有一天他们自己能现真身,对号入座。

外来品神，一神可能的线索。

疑似来自西亚，也可能是草原文化。

古人的表情

疑似来自西亚，或者新疆（或西域）。

敦巴顿橡树园

我看到野夫（也叫草场野夫）在他的微信上发了几张石雕人像的照片，这些人像跟我之前看到的大相径庭。我心生好奇，请野夫帮我找来展出石雕人像的博物馆的资料。原来这家名为敦巴顿橡树园的地方不但是一家博物馆，同时也是图书馆和学术机构，当然还是一处园林或者说花园（花园中有古老的建筑以及喷池之类）。野夫说这个私家花园是可以载入建筑史的。敦巴顿橡树园的位置就在华盛顿郊区乔治区附近。

1963 年，它们成立了一项古美洲研究计划，旨在支持对古代美洲地区的艺术和考古学进行研究。该项研究包括对西半球（北起墨西哥南至南美洲）16 世纪前的文化的研究。我觉得这些古老的石雕想必与这项研究计划有关。事实果然如此。

古中美洲研究计划的相关活动包括一系列学术会议，会议规模大到旨在解决该领域主要课题的年度研讨会，小到聚焦古代美洲地区人类学、考古学、艺术史和古美洲历史方面具体问题的小型聚会。上述会议还扩展到古美洲研究领域内相关学者最新研究成果的公益讲座。计划产生了两大系列研究成果，其中之一是根据研讨会和座谈会得出的论文，另一种是专注于古美洲艺术和考古学的专题研究成果。

古美洲研究计划中的研讨会包括住宅研究基金、短期在读博士实习、为期一个月的研究奖金、实习研究和现场研究补助金。住校学者可以访问敦巴顿橡树园学术图书馆内的重要财产，以及罗伯特·伍兹·布利斯收藏的古美洲艺术藏品和专业档案（此人的背景我不知道，应该是一个很重要的收藏家）。

罗伯特·伍兹·布利斯收藏的古美洲艺术藏品包括中美洲、安第斯山脉及中间地区的古代文化物品。其中最重要的财产是石类雕像，包括优雅的阿兹特克神灵和动物的雕刻品，以及带有玛雅历代国王画像的若干大型浮雕石板。其他石雕作品包括反映奥尔梅克文明、韦拉克鲁斯文明和墨西哥提奥帝华坎文明的精雕细刻的拟人化雕像和细腻湿润的玉质法器。各类石头和陶瓷器皿分别装饰有精英阶层的画像、雕像和肖像及精致的宫廷场景。为我们深入了解中美洲精英阶层的艺术创作以及政治和仪式活动提供了依据。

上述藏品中还包括根据纳斯卡文明、莫切文明（亦即莫希文明，公元前 200—公元 600 年间以奇卡马河谷和莫希河谷为中心的一个秘鲁沿海文明）和瓦里文明塑造和彩绘的陶瓷，其中很多藏品描绘了人类、动物或神仙的风格。查文文明、兰巴耶克文明、契姆文明（亦即奇穆文明，位于秘鲁兰巴耶克河谷的地底文明，兴盛于公元 1000—1476 年间）和印加文明中的金银器物证明了安第斯地区金工技工已掌握的专门技术。而 40 多个纺织品和羽毛作品证明了纤维艺术在该地区的重要性。个人的金质物品、贝壳类物品和半宝石类物品是精英阶层华丽服饰的一部分，证明古美洲地区在审美、技术和意识形态方面的差异。

那么，为什么要在这里唠唠叨叨地介绍一些看似跟中国古代毫无关联的东西，因为我觉得它们恰恰跟咱们是有关联的。敦巴顿橡树园确实有一些值得我们借鉴的地方。野夫说，欧美有很多私人博物馆收藏和建筑都很有意思，可惜这样的私人博物馆在咱们这儿太少了，否则的话，中国古代面具（包括其他）研究很可能呈现出另外一番风貌。

古人的表情

也是君主，帽子上多了一横。
看相貌，显然是从非洲来的。

非洲人。

罗马人。

跋：古人的表情

古人有什么表情，我们没见过，只能从古代绘画和雕塑里去找，绘画和雕塑之前，只能借助文字和想象。所以，当我最初看到文化期的面具时，心里着实吃了一惊。难道这就是我们心目中的祖先吗？于是便有了收集面具，将它们结集出书的念头。这将是一本真正意义上的脸书（Facebook），也是一本无字之书（不算序跋以及附图片后面的说明文字），生死之书。这本书的出版，跟所谓读图时代的关系不大，之所以没几个字，是因为我觉得光看那些面具的表情就足够了，其他任何考据和说明都是多余的。它们或疑惑或恐惧，显得有些拘谨呆板，又有些神秘诡异，没血没肉，全然没有我们所熟悉的世俗的喜怒哀乐。

我曾经试图为这些面具找到一个概括性的说法，比如从巫术或祭祀的角度，或者是征伐或宇宙爆炸。但很快就发现这么做难度太大，因为不同地域和文化期的面具有着不同的神话系统，越想明晰就越陷入模糊，加之给古人相面又算不得什么正经学问，很容易让非专业人士望之却步，难怪这个领域相关的著述少之又少。但有一点可以肯定，这些面具的表情所展现的，是那个时期人们的精神层面，或者说是心理层面，不管它们是用于什么。有时我会突然觉得，这些面具既是古人的表情——虽然没人见过古人的长相（特别是神话时期的），也是鬼魂的代言人。

凭借我的个人经验，读懂它们的方法无须做任何功课，有时只需跟这些空洞的眼神对视。也许会有这样一个刹那，时间停滞了，你发现所谓的时空穿越是可能的，它实际上就是一种片刻的心灵感应。你会发现虽然几千年过去了，古人的疑惑就是我们的疑惑，古人的恐惧就是我们的恐惧。也许这正是古人制作面具的初衷，即所谓形不散则神不离，古人的魂魄已经附着在面具那个"形"上。所以，我建议胆小者慎入。

不过，也不用过于夸大这种惊悚，不是所有面具都跟死亡有关，有的面具还是相当有喜感的，但这种喜感肯定不是来自幽默。有的面具也许就是我们祖先的形象，研究它们，没准儿能解开人类起源之谜呢。还有一些面具无以言表，看着它们，能让我们仿佛看到了世界末日。有的面具看上去完全像是臆造出来的，它们很可能就是外星人，或者是茫茫宇宙中其他的生物。所以，面具的功能也不是单一的，当年古人戴上这些面具，也许是为了求雨，也许是给人看病，也许只是为了参加一场化装舞会。有学者认为，面具的本质，就是把人与人之间（特别是熟人）分割开来，换另一个身份彼此交流。

还想说说我个人的藏品，也就是书中这一百余件面具。它们材质各异，以石质和玉质为主，包括绿松石和玛瑙，也有骨质（包括兽牙）、陶质、蚌壳和金属质等。有些精雕细琢，有些粗制滥造（眼睛简单得就像钥匙孔，而且都不在一条线上），草草了事。很显然前者用于配饰，后者用于陪葬。陪葬这部分的面具主要埋在祭祀坑里，它们模样骇人，买来的时候有的还系着红绳，据说这样做是为了系住面具主人的亡魂。有些面具按行话讲属大开门，但有几件就不那么确定，它们看上去充满异国情调，让我们感受到不同的文化基因和密码。

古代面具还有皮质和木质的，它们存世极少，大多腐烂了。据我所知，除了南方少数民族地区，木制面具非洲和南美保留较多。皮质面具没保留下来有些难以理解，我觉得皮子如果处理得当的话，还是能保存很长时间的。古代皮质面具腐烂的原因，我怀疑是当时加工的时候，没把上面的肉剃干净，或者没有风干皮子里的水分。后来还看到瓷质的面具，比如我在武汉的徐东古玩城就见到过一件宋代的影青瓷质面具，开脸是个佛陀模样的童男子，表情安静平和，不像之前见到的那些面具让人心里闹得慌，是一个不错的标本，因为年代比较靠后就不做介绍了。

只需强调一点，商周之前至新石器晚期属巫教时代，既没僧面，也没佛面，那个时期先民的精神生活主要是由恐惧支配的，他们从什么时候开始觉悟，从而意识到缘起性空和自力解脱，扯开了又是一篇文章。

说到这儿，倒是让我想起在我家附近晾果厂和玉渊潭南路的路口有一个巨大的石像生（大概有3米多高），如此巨大的石像之前只有在明皇陵以及十三陵的神道上看到过。它是一个文官，手中持着朝笏，面朝西矗立在社区居委会前面的一小块空地上，每天守望着北京的日落，在它边上卧着一只石兽（好像是一只山羊）。可能是被它安静的目光吸引，每次我从家去玉渊潭公园，都会在这尊石像前驻足。直到有一天，这尊石像生（连同石羊）突然不见了。我一时纳闷，他们是如何把这么硕大的石像搬走的，它至少有几吨重，而且在那么小的空间，不但存在相当的难度，而且不会一点儿痕迹都没有。这不由得让我想起太原晋祠里摆放着的四尊镇水铸铁武士，它们原来摆放在汾河边上，据说其中东南角的那尊是后来补铸的，原来那尊早已于一个伸手不见五指的夜晚径自走入汾水中。

本书收录了33篇文章，103张面具照片。文章就不说了，照片是从众多面具中筛选出来的，本来打算按一个粗略的时间顺序编排（就像在菜市场排队买菜一样，大家都讲究个先来后到，但仍然免不了有人中途加塞，另外还要照顾老人和妇女儿童），但有些面具的年代不详或者不可考。如果按照面具的材质或类型编排，同样会遇到问题。按照面具的长相编排就更不靠谱了，假如说宽鼻方脸的是北方游牧民族，那高鼻深目的长得还像乔伊斯呢，但既然是在谈论面具，有的时候似乎又必须以貌取人。凡此困惑尽管不少，但看开了也不失为一种解脱的乐趣吧。

关于照片还有一个设计，就是它们都是在照相馆拍的。那家照相馆本来只拍摄证件照，我这样做的目的，是想给这些面具一个身份。尽管证件照的风格使这些面具的表情看上去更加冰冷麻木（我喜欢他们的照相器材和用光）。

感谢中国友谊出版公司。感谢良渚文化村。感谢西局书局。感谢杨光、杨葵、孔易、狗子、丁天、荣岩、高星、润和、葛威、绍斌、董媛、立冬、宝山、亚林、阿炳、阿坚、孙民、徐晖、臻臻、月儿、岳岱、亦夫、李晏、四四、中段、陈飞、娃克、魏新、程远、古非、石磊、张炜、袁玮、方闲海、李野夫、张汉行、孙建国、狼师傅、韩永坤、吴天晖、瓦西里、丁小禾、郑建成、王胜华、任小强、杨立峰、宁竟同、高斯洋、水果严虹、阎洪子明、合肥张健、余姚小姚、二堂喧哗以及所有关心这本书的亲朋。

感谢鸭姐在我写作期间不厌其烦地帮我整理文字，在网上购买资料。感谢赵赵、唐大年和王飞宁。

现在好了，想说的话总算说完了。

参考书目

孙机. 从历史中醒来——孙机谈中国古文物. 北京：生活·读书·新知三联书店，2016年8月第1版。

徐中舒. 古器物中的古代文化制度. 商务印书馆，2015年12月第1版。

〔日〕林巳奈夫著，常耀华，王平，刘晓燕，李环译. 神与兽的纹样学——中国古代诸神. 北京：生活·读书·新知三联书店,2016年9月第1版。

〔美〕杨晓能著，唐际根，孙亚冰译. 另一种古史——青铜器纹饰、图形文字与图像铭文的解读. 北京：生活·读书·新知三联书店，2008年10月第1版。

刘道元译.神祇、坟墓和学者.北京:生活·读书·新知三联书店,1991年4月第1版。

艾兰著,汪涛译.龟之谜——商代神话、祭祀、艺术和宇宙观研究.商务印书馆,2010年11月第1版。

吕章申主编.面具·灵魂的艺术——法国凯·布朗利博物馆馆藏精品.时代出版社,安徽美术出版社,2013年5月第1版。

〔法〕克洛德·列维-斯特劳斯著,张祖建译.面具之道.北京:中国人民大学出版社。

〔瑞典〕安特生著,袁复礼节译.中国远古之文化.文物出版社,2011年10月第1版。

〔美〕布赖恩·费根著,杨宁,周幸,冯国雄译.世界史前史.世界图书出版公司,2011年11月第1版。

〔英〕希安·琼斯.族属的考古——构建古今的身份.上海古籍出版社,2017年4月第1版。

李锦山,李光雨.中国古代面具研究.济南:山东大学出版社,1994年12月第1版。

沈泓,裴华编著.玉器.北京:中国轻工出版社,2013年1月第1版。

〔清〕吴大澂，杜斌编著.古玉图考.中华书局，2013年10月第1版。

尹达.新石器时代.北京：生活·读书·新知三联书店，1979年2月第2版。

张江凯，魏峻.新石器时代考古.北京：文物出版社，2004年6月第1版。

王俊编著.中国古代面具.北京：中国商业出版社，2015年8月第1版。

蔡凤书，栾丰实主编.山东龙山文化研究文集.齐鲁书社，1992年3月第1版。

段天璟.二里头文化时期的中国.北京：社会科学文献出版社，2014年12月第1版。

刘国祥.红山文化研究.北京：科学出版社，2016年5月第1版。

刘莉，陈星灿.中国考古学——旧石器时代晚期到早期青铜时代.北京：生活·读书·新知三联书店，2017年9月第1版。

陈星灿.中国史前考古学史研究（1895-1949）.北京：生活·读书·新知三联书店，1997年6月第1版。

陈星灿.考古随笔.北京:文物出版社,2002年12月第1版。

牟永杭.牟永杭考古文集.北京:科学出版社,2009年1月第1版。

李光谟,李宁编.李济学术随笔.上海人民出版社,2008年6月第1版。

常庆林,常晓雷.殷墟玉器——安阳殷畿艺术博物馆藏玉.上海大学出版社,2009年9月第1版。

张树东,张树军编著.失落经典——东北三江流域古代萨满文化现象.黑龙江教育出版社,2015年12月第1版。

郑也夫.文明是副产品.中信出版集团,2015年10月第1版。

付平,薛建华.法器面具.青海人民出版社,2012年7月第1版。

王小强.5000年古玉里隐藏的秘密.岭南美术出版社,2010年11月第1版。

〔美〕乔治·奥德尔著,关莹,陈虹译.石制品分析——破译史前人类的技术与行为.北京:生活·读书·新知三联书店,2015年3月第1版。

索甲仁波切著，郑振煌译.西藏生死书.浙江大学出版社，2011年4月第1版。

〔瑞士〕冯·丹尼尔.众神之车.新华出版社，1982年7月第1版。

参考文献

北京大学考古学系，山西省考古研究所.天马—曲村遗址北赵晋侯墓地第二次发掘.1994年第1期。

北京大学考古学系，山西省考古研究所.天马—曲村遗址北赵晋侯墓地第五次发掘.1995年第7期。

汤池.试论滦平后台子出土的石雕女神像.文物.1994年第3期。

孙琳.一个世纪以来国内外有关藏区民间宗教信仰的研究。

徐良高.中国三代时期的文化大传统与小传统——以神人像类文物所反映的长江流域早期信仰传统为例.考古.2014年第9期。

宋林玫.中华民族为何出现在东亚.先驱报.2013年9月23日。

出 品 人：许　　永
策　　划：文　　能
责任编辑：许宗华
特邀编辑：雷　　彬
责任校对：雷存卿
装帧设计：海　　云
内文设计：万　　雪
摄　　影：方兴邦
印制总监：蒋　　波
发行总监：田峰峥
投稿信箱：cmsdbj@163.com
发　　行：北京创美汇品图书有限公司
发行热线：010-59799930

创美工厂
微信公众平台

创美工厂
官方微博